Smartphonekids

Inga Haese

Smartphonekids

Digitale Fürsorge in Zeiten der Unsicherheit - ein Wegweiser für Familien

Inga Haese
Berlin, Deutschland

ISBN 978-3-662-61801-1   ISBN 978-3-662-61802-8   (eBook)
https://doi.org/10.1007/978-3-662-61802-8

Die Deutsche Nationalbibliothek verzeichnet diese Publikation in der Deutschen Nationalbibliografie; detaillierte bibliografische Daten sind im Internet über http://dnb.d-nb.de abrufbar.

Fotonachweis Umschlag: © Sergey Novikov/stock.adobe.com
Illustrationen: Jadwiga Mikolajek

Planung/Lektorat: Joachim Coch
Springer ist ein Imprint der eingetragenen Gesellschaft Springer-Verlag GmbH, DE und ist ein Teil von Springer Nature.
Die Anschrift der Gesellschaft ist: Heidelberger Platz 3, 14197 Berlin, Germany

Vorwort

Ein Buch zur digitalen Fürsorge zu schreiben hielt ich für eine gute Idee, schon als mein Sohn acht Jahre alt war und die Fragen rund um seine Smartphone- und Tablet-nutzung in unserer Familie aufkamen. Inzwischen ist er elf, fast zwölf geworden. Und die Themen und auch die Fragen in unserer Familie, wie die angemessene digitale Fürsorge aussehen könnte, veränderten sich immer wieder, mussten neu austariert und verhandelt werden. Zuletzt ergaben sich durch Corona so schnelle Entwicklungen, dass mir beinahe schwindelig wurde. Zwischendurch, als ich wieder ein Kapitel überarbeitete, dachte ich, es sei eine Schnapsidee gewesen, dieses Thema ausgerechnet in dem alten Medium Buch erfassen zu wollen. Aber das stimmt nicht. Denn das Schreiben an diesem Buch war von einem Beobachten und Ausprobieren, vom Scheitern und Neu-anfangen geprägt und ist mitgewachsen, mit den Heraus-forderungen zu Hause in der Familie. Außer meinen Kindern und meinem Mann haben mir die regelmäßigen

Hinweise von Anna Eckert und der Austausch mit anderen Eltern geholfen, das Buch zu verwirklichen. Und natürlich die vielen Freund:innen, Nachbar:innen und Expert:innen, die ich mit meinen Fragen löchern durfte.

Heute haben Online-Workshops, Lerntherapien per Zoom oder das virtuelle Klassenzimmer unseren Elternblick viel stärker in Richtung Akzeptanz digitaler Medien im Leben unserer Kinder gelenkt und damit auch das Ausüben digitaler Fürsorge in den Fokus gerückt. Denn trotz des Hypes um digitale Lösungen bleibt die wichtigste Frage die gleiche. Wie schaffen wir es, die Kinder gut durch eine digitalisierte Kindheit zu begleiten? Ob das Smartphonekid neun oder elf Jahre ist, ob es das neuste Modell oder ein altes Gerät benutzt, ob es TikTok installiert hat oder nicht, spielt dabei nicht die entscheidende Rolle. Es ist unsere Haltung dazu!

Kürzlich saß ich mit einer Nachbarin im Garten und erzählte ihr, dass ich gerade einen Text über Kinder und digitale Medien schreibe, über die Herausforderung für uns Eltern. Sie sah mich skeptisch an. „Bei meiner Tochter geht Begrenzen überhaupt nicht, wie soll denn das funktionieren? Seitdem sie ein Handy hat, läuft jede Kommunikation darüber." Sie wirkte genervt, resigniert. Und vielleicht hilft mein Buch dagegen. Vielleicht schenkt es meiner Nachbarin und auch Ihnen eine andere, eine neue Haltung zu Ihren Smartphonekids.

Berlin   Inga Haese
den 4.7.2020

Inhaltsverzeichnis

1 Das Gespenst der Digitalisierung 1

Die große Verunsicherung. Medienskeptiker versus Tekkies 8

Medienmü(n)digkeit? Wenn die Abstinenz von digitalen Medien schadet 24

Was soziale Ungleichheit mit Bildschirmkonsum zu tun hat 32

Angst und technische Ermächtigung – Schwellenländer holen auf 38

2 Die Alltagsprobleme: Chancen und Risiken 45

Wenn die Arbeitsbelastung der Eltern parallel zur digitalen Herausforderung steigt 48

Die visuelle Kompetenz 53

Der schale Geschmack bleibt… Über Risiken und Nebenwirkungen 56

Risiko Netzwelt: Onlineplattformen und "Grooming" 61

Cybermobbing   65
Mädchen und Jungs – die verschiedenen Risiken   69
   „Thinspiration" auf TikTok   73
   Problematisches Gaming und "Craving"   76
Die Notwendigkeit digitaler Fürsorge   82

**3   Erwachsene Vorbilder. Was uns das alles
    angeht**   87
Die gefährlichen Gewohnheiten der
Erwachsenen   93
Der Pausenfüller: Daddeln zwischendurch   100
Smartphones im Schlafzimmer?   103
Nachsicht ist erlaubt!   106
Die digitalen Vorteile für Eltern   109

4   Das Smartphonekid: Den Dämon fesseln   115
So spät wie möglich – und so früh wie nötig   119
Die Überwachungs-Apps   130
ScreenTime im Test – ein Selbstversuch   133
Digitale Fürsorge ist Beziehungsarbeit   136
Co-Abhängigkeit vermeiden: Gemeinsam mit
den Kindern Regeln vereinbaren   141
Die Posting-Verantwortung – oder wie wir
Mobbing vorbeugen können   146
Gewaltbilder im Netz – Kinder sind ver-
schieden verletzlich   148
Der Schlüssel zur digitalen Fürsorge: Die
Begleitung der Kinder oder „digitales
Helikoptern"   153

**5   Bildschirmmedien intelligent nutzen. Der
    doppelte Auftrag zu digitaler Fürsorge**   157
Coding lernen – auch ein Aspekt digitaler
Fürsorge   159

Lernen am Bildschirm – wie es funktionieren
kann 164
Digitale Fürsorge: Die Digitalisierung nach-
haltig nutzen 170
Dem Dauerkonsum widerstehen – oder was
digitale Fürsorge noch bedeutet 175
Technische Ermächtigung II – Frauen müssen
aufholen 182
Analog gemeinsam statt virtuell einsam. Ein
Schlusswort 186

6 Praktische Hinweise und Tipps im Überblick 195

Literatur 209

Die Autorin

Inga Haese, 1980 in Kevelaer geboren, Studium der Sozialwissenschaften in Berlin, Promotion in Kassel, längere Aufenthalte in Israel, arbeitete am Hamburger Institut für Sozialforschung und lebt heute als freie Autorin und Sozialforscherin in Berlin. Themenschwerpunkte sind Stadt- und Regionalsoziologie, gesellschaftlicher Wandel und Transformationsprozesse. Inga Haese lehrt an der Katholischen Hochschule für Sozialwesen Berlin und hat zwei Kinder. Von ihr erschien im Springer Verlag zuletzt „Stadt und Charisma. Eine akteurszentrierte Studie in Zeiten der Schrumpfung" (2016).

1

Das Gespenst der Digitalisierung

Es geht ein Gespenst um in Europa, und das heißt digitale Angst. Foren laufen heiß mit Warnungen vor Lernschwierigkeiten bei Kindern und Konzentrationsstörungen oder den Hinweisen auf veränderte Gehirnaktivitäten und in deren Folge neuronale Schädigungen. Gleichzeitig ist die Angst vor dem medialen Anschlussverlust durch die technikaffine Mittelschicht gesickert, Eltern hypen interaktive Lernprogramme, Einschlaf-Apps und die neusten Spiele. Schulen, in denen Smartboards fehlen, triggern die Abstiegssorgen einer hochgerüsteten Elternschaft. Andere wiederum sehen gerade in der technischen Aufrüstung einen unaufhaltsamen Kulturverfall und beklagen den Verlust einer jahrhundertealten europäischen Bildungstradition im Land der Dichter und Denker.

© Der/die Herausgeber bzw. der/die Autor(en), exklusiv lizenziert durch Springer-Verlag GmbH, DE, ein Teil von Springer Nature 2020
I. Haese, *Smartphonekids,* https://doi.org/10.1007/978-3-662-61802-8_1

Kaum ein Thema beschäftigt Eltern derzeit so dringlich wie die Frage nach der richtigen Handhabe von Smartphone und Co bei ihren Kindern. Die Angst, die uns mittlere Generation umtreibt, rührt dabei von einem verborgenen Bodensatz her: Wir erleben, wie China das vom Wachstum verwöhnte Europa langsam einholt, wir ängstigen uns ob der Risiken der Globalisierung, gerade unter den Bedingungen einer Pandemie, und natürlich sorgen wir uns um die Kompetenzen, die wir unseren Kindern mitgeben müssen, damit sie in der komplexen Welt von morgen – einer Welt, die jenseits des digitalen Umbruchs liegt – gut ausgerüstet sind. Wir sehen argwöhnisch, wie israelische Kindergärten ihre Zöglinge Roboter programmieren lassen und wie südkoreanische Dreijährige ihre eigenen Spiele erfinden. Doch gleichzeitig empfinden wir Furcht vor diesem Wandel, der die Welt unserer Kinder so abrupt und unaufhaltsam eingeholt hat.

Wir erleben im Zeitalter des digitalen Wandels eine tiefe Verunsicherung unserer lange geteilten Werte und Wahrheiten. Sie beginnt an unserem dienstleistungsorientierten Arbeitsplatz, setzt sich in der industriellen und der landwirtschaftlichen Produktion fort und endet im Kinderzimmer, wo sie uns buchstäblich einholt – dann nämlich, wenn unsere Kinder YouTube-Videos gucken und vernetzte Onlinegames spielen wollen. Der Satz „Jeder in meiner Klasse spielt BrawlStars!" könnte zum Erkennungsmerkmal einer ganzen Generation namens „Permanent-in-Versuchung" werden – welches Elternteil hat diesen Satz von seinen Grundschulkindern noch nicht gehört? Was antworten wir, wenn der Neunjährige zu seiner Mutter sagt: „Mama, Siri hat mich gefragt, ob sie im Internet nach Liebe für mich suchen soll. Aber sie hat nur einen Scherz gemacht". Haben wir als Eltern dann schon alles falsch gemacht, weil die Sprachassistentin mit unserem Kind kommuniziert wie eine Therapeutin, oder ist heute bloß Valentinstag und Siri will uns zum Shoppen verleiten? Das Problem für uns Eltern ist, dass es keinen Kompass gibt für den rasanten gesellschaftlichen Umbruch, dem wir derzeit beiwohnen. Wir wissen nicht, welche Richtung dieses digitale, vernetzte Leben einschlagen wird, in das unsere Kinder hineingeboren wurden, und vor allem: Es gibt keine Vorbilder, nichts, worauf wir uns beziehen könnten. Der digitale Umbruch ist genau das, was sein Name aussagt: Er ist eine Revolution. Und die Auswirkungen dieser Revolution auf unsere Gesellschaft existiert einzig als Szenario-Setting in den Köpfen von Wissenschaftler:innen. Mehr nicht. Und gleichzeitig sind wir selber angefixt von den faszinierenden, smarten Geräten, können uns kaum von ihnen lösen – digitale Geräte sind ein unverzichtbarer Bestandteil unseres Alltags geworden, sie sind nicht mehr wegzudenken und die meisten von uns werden in den Bann der Technik gezogen, wenn sie ein neues Smartphone in den Händen halten, das noch intuitiver zu bedienen ist, noch besser reagiert und leicht wie eine Feder ist.

Uns Eltern von Kindern, die in der digitalisierten Welt aufwachsen, ist das Phänomen aus der eigenen Kindheit der 1980er Jahre noch weitgehend fremd. Klar, es gab den C64 und den Amiga bereits, wir spielten Summer Games, Autorennen oder Gianna Sisters, und es gab erbitterte Diskussionen über die richtigen Fernsehgewohnheiten von Kindern, besonders als flächendeckend die Satellitenschüsseln auf unsere Dächer kamen. Und doch waren diese Zeiten andere, denn die Geräte von damals erfassten nicht den gesamten Alltag, waren weniger einnehmend für das Leben unserer Eltern als es heute Smartphones und Tablets sind. Die Ängste vor dem Fernseher in den 1980er und 1990er Jahren, stellt sich nun heraus, waren nichts im Vergleich zu den Ängsten und Unsicherheiten, die heute unter Eltern wegen des Medienkonsums ihrer „Digital Native"-Sprösslinge kursieren.

Und so pflegen wir Eltern digitale Erziehungsstile, die so weit auseinander liegen wie die Erde von Mars und Merkur. Manche Eltern ziehen den Vergleich zum Rauchen: Jahrzehntelang wusste niemand, wie schädlich das Rauchen ist, es galt als modern, elegant, en vogue. Was, wenn in fünfzig Jahren Ähnliches über die Anfänge des Smartphone-Gebrauchs gedacht wird: Wie konnten wir überhaupt glauben, dass ein Smartphone nicht schädlich für unsere Kinder sei? Also wird das Kind vor allem Digitalen behütet und die vermeintlichen Dämonen ausgesperrt aus dem Leben des Kindes – kein Smartphone, kein Tablet, stattdessen Monopoly, Mau-Mau und Memory, so wie wir es noch von früher kennen. Andere Eltern setzen auf eine gegenteilige Annahme. Ein befreundeter Vater ist der festen Überzeugung, dass er seine Kinder stark macht, indem er sie viele Stunden die neusten Spiele ausprobieren lässt. Spätestens zur Einschulung bekam jedes Kind ein nigelnagelneues Tablet geschenkt. Seine Devise: In der Welt von morgen kann sein Sohn mit E-Sports mehr Geld verdienen als in allen anderen Jobs, warum ihn also unnötig vom Training abhalten. Hat seine Einstellung nicht eine zwingende Logik? Und schon bröckelt meine eigene, durch einen kritischen Artikel wieder einmal unterfütterte Einsicht, das Kind vom Smartphone so lange wie möglich fernzuhalten. Also doch lieber das Kind vernetzt spielen lassen, damit es später nicht im Abseits steht? Was kann ich als erwachsener Mensch, der auf mein eigenes Smartphone und das liebgewonnene Tablet nicht verzichten will, aber dennoch einen bewussten Umgang mit elektronischen Medien bei seinen Kindern fördern möchte, überhaupt für mein Kind tun? Wie kann ich das Dilemma, in das die digitale Revolution uns Eltern stürzt, in meinem alltäglichen Leben mit Kindern bezwingen? Der Corona-Shutdown im März 2020 wirkt wie ein Katalysator auf all diese Sorgen und Fragen rund um die Digitalisierung. Noch drängender wollen wir wissen: Wieviel Smartmedium schadet uns, aber wie viel Abstinenz schadet uns erst recht? Es sind nicht nur Eltern, sondern Erwachsene generell, die wissen wollen, welche Konsequenzen ihr digitales Verhalten hat.

Mein Buch möchte dazu ermuntern, eine Haltung gegenüber der digitalen Herausforderung einzunehmen. Alle hier behandelten Themen ergeben im Ganzen das magnetische Feld, das unseren eigenen Kompass im Zeitalter des digitalen Wandels neu ausrichten kann. Das große Schlagwort, über dem die Kompassnadel sich bewegt, heißt digitale Fürsorge, neudeutsch auch digital care. Digitale Fürsorge ist viel mehr, als nur ein Bewusstsein für sein eigenes Medienverhalten oder das der Kinder zu entwickeln. Digitale Fürsorge bedeutet, die eigene Kontrolle über digitale Medien auszubauen und sich technisch und inhaltlich mit ihnen auseinanderzusetzen. Ich ermutige dazu, die Risiken und Chancen der digitalen Herausforderung in der Familie anzunehmen und anzugehen, anstatt sie auszublenden, panisch abzulehnen oder sich von Medientrends antreiben zu lassen. Digitale Fürsorge heißt, die Digitalisierung ernst zu nehmen und sie nicht zu verteufeln, aber sich durchaus den Risiken zu stellen. Oder umgekehrt: Sich den Gefahren der Digitalisierung bewusst zu sein, aber ihre Vorteile zu nutzen. Digitale Fürsorge zu übernehmen ist eine aktive Haltung, denn sie erfordert den Mut, sich unbequeme Fragen zu stellen, kritisch zu bleiben, Grenzen zu setzen und das alltägliche Scheitern zu akzeptieren. Digitale Fürsorge ist das Mittel, um sich und seine Kinder durch die Unwägbarkeiten einer verunsicherten Gesellschaft zu manövrieren.

Die zentralen Fragen, die wir uns stellen müssen, sind folgende: Wovor haben wir eigentlich Angst? Wie wollen wir mit der Diskrepanz zwischen der eigenen Smartphonenutzung (die oft spontan und intensiv erfolgt) und einer Regelung des Bildschirmkonsums unserer Kinder umgehen? Warum ist es sinnvoll, sich den eigenen Umgang mit Smartphone und Tablet zu vergegenwärtigen? Welche Risiken stecken eigentlich in einer digitalen Kindheit und Jugend? Und welche Chancen? Sollte ich Regeln zu Spiel- und Sehgewohnheiten für mein Kind aufstellen oder nicht?

Ich möchte andere Familien darin bestärken, sich der digitalen Herausforderung zu stellen. Im ersten Kapitel werden die gesellschaftlichen und gesundheitlichen Aspekte der digitalen Entwicklung in einem Überblick über den aktuellen Diskurs ausgeleuchtet. Welche Gefahren gibt es überhaupt? Ich setze mich mit der Hirnforschung auseinander und betrachte die Medienskeptiker und deren Diskursgegner:innen. Dann werden die Risiken der Bildschirmnutzung für bestimmte kindliche und jugendliche Altersgruppen und Geschlechter zusammengetragen, denn dieses Wissen ist Voraussetzung für die Herausbildung einer Haltung, die wir unseren Kindern gegenüber einnehmen müssen. Entsprechend sind zunächst, im zweiten Kapitel, wir Erwachsene gefragt: Wie können wir gute Vorbilder sein? Was sollten wir beobachten, bevor wir es beachten können? Eltern finden in diesem Kapitel auch Überlegungen dazu, wie sie digitale Fürsorge für sich selbst besser einüben können. Im dritten Teil geht es darum, wie wir unserem Nachwuchs das eigene Bildschirmmedium anvertrauen können: Mit Regeln und Augenmaß und vor allem mit Offenheit und Gesprächsbereitschaft. Erst im Dialog zwischen uns Eltern und den Kindern wird aus dem Smartphone auch ein smartes Gerät für den Nachwuchs. Im vierten Kapitel geht es um den doppelten Auftrag, den die digitale Fürsorge für uns bedeutet: Eine intelligente Nutzung heißt, sich technisch zu bilden und digitale Kompetenzen zu erwerben. Gerade unter Pandemie-Bedingungen erkennen wir, dass die unzureichende Digitalisierung unseres Landes schon im Klassenraum beginnt. Für die meisten Familien gehören Skype- und Zoom-Konferenzen mit Lehrer:innen oder Klassenkamerad:innen seit der Shutdown-Zeit von Corona zur Normalität. Wie können wir als Familie von der Digitalisierung aber darüber hinaus profitieren? Außer mit ihren Vorteilen müssen wir uns aber auch mit den gesellschaftlichen Kosten der Digitalisierung auseinandersetzen. Und was bedeutet digitale Fürsorge eigentlich mit Blick auf die Umwelt?

In allen Kapiteln gehe ich auf aktuelle Erkenntnisse aus der Forschung ein, greife aber auch auf die Erfahrungen mit meinen eigenen Kindern zurück – ohne Praxis kein Erkenntnisgewinn. Und mein Erfahrungsraum befindet sich in einem Berliner Stadtbezirk, einem vielfältig gemischten und stark gewachsenen Viertel, dessen Schulen von einer heterogenen und bunten Schüler:innenschaft besucht wird. Dieses Viertel ermöglicht die Beobachtung des gesellschaftlichen und digitalen Wandels wie unter einem starken Brennglas: Hier begegnen sich Menschen aus allen Schichten, Herkunftsländern und Hintergründen und sind entsprechend variationsreich digital unterwegs.

Die große Verunsicherung. Medienskeptiker versus Tekkies

Seit einigen Jahren schon schwelt der Streit um die Digitalisierung zwischen zwei Antipoden: Auf der einen Seite wird die schädliche Gehirnentwicklung durch die digitale Welt angeprangert und auf der anderen werden die frühestmöglichen Erfahrungen mit digitalen Medien als Qualitätsmerkmal für das spätere Berufsleben verherrlicht. Die Skeptiker mahnen und warnen vor den verheerenden Folgen der Mediennutzung, während die Technikfreaks feixen und ersteren Ewiggestrigkeit und das Verharren in alten Mustern vorhalten. Es sind genau diese beiden Pole, zwischen denen wir Eltern uns bewegen: Die Angst um die Anschlussfähigkeit der Bildung unserer Kinder einerseits und die Sorge um ihre gesunde Entwicklung anderseits machen die Thematik so anfällig für einen erbitterten Kampf. Die Hersteller und Verkäufer von Smartphones springen natürlich auf diesen Zug der elterlichen Sorge auf. So wird etwa auf der Homepage eines Onlinehändlers von Kinderhandys informiert, dass laut einer Studie von 2017 bereits 37 % der sechs- bis neunjährigen Kinder ein eigenes Handy oder Smartphone in Schule und Freizeit nutzen würden. „Bei den zehn bis dreizehnjährigen sind es sogar 84 %. Besonders beliebt sind als häufigste Anwendung WhatsApp-Nachrichten (68 %) und SMS (61 %)", so lesen wir Eltern auf www. kinder-handy.de. Die Verkäufer appellieren indirekt an die Eltern, ihr Kind mit einem eigenen Gerät auszustatten, damit diese nicht ins soziale Abseits geraten, wenn eine große Mehrheit der Gleichaltrigen vernetzt ist – so der Subtext der verwendeten Zahlen. Die Bitkom lässt 2019 verlauten, dass Dreiviertel der Zehnjährigen ein eigenes Gerät benutzen und ab zwölf Jahren seien „fast alle online", nämlich 97 % (www.bitkom.org). Allerdings ist die gestellte Frage die nach der mindesten „Nutzung" eines Smartphones – und nicht die nach dem Besitz (Abb. 1.1).

Auch wenn die Daten also mit Vorsicht zu genießen sind, ist die Zwickmühle für die Erwachsenen bei der Anschaffung von smarter Technik für den Nachwuchs enorm, denn was ist aus ihrer Sicht schwerwiegender – das Risiko von Lernschwierigkeiten bei den Kindern einzugehen oder nicht dazuzugehören? Spätestens wenn die Kinder in den Kindergarten oder in die Grundschule gehen, haben wir seit der Einführung von Smartphones und Tablets vor gerade einem einzigen Jahrzehnt das Gefühl, sie könnten von der rasanten technischen Entwicklung abgehängt werden.

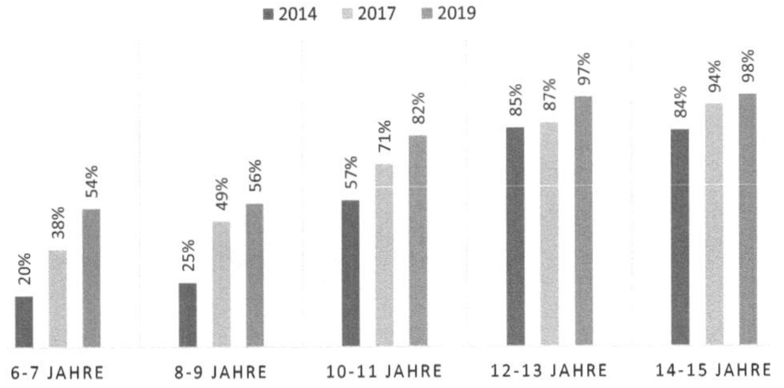

Abb. 1.1 Smartphonenutzung im Kindes- und frühen Jugendalter. (Datenquelle: Bitkom Research 2019, eigene Darstellung)

Als müssten sie frühestens Schritt halten lernen in der schwindelerregend schnellen, digitalen Welt, in die sie hineingeboren wurden. So jedenfalls erkläre ich mir das grenzenlose Überlassen von Smartphones in Kinderhände, das überall zu beobachten ist. Kinder werden der Bilder- und Reizflut unkontrolliert ausgesetzt, im naiven Glauben von uns Eltern, es würde automatisch ein Bildungsvorteil aus unserer eigenen Bequemlichkeit erwachsen. Als würde das bloße Hantieren mit einem teuren, hochkomplexen, technischen Gerät einen Lernvorsprung für den Nachwuchs garantieren. Dass dies mit Sicherheit nicht so ist, wurde in den letzten Jahren immer deutlicher. In der glühenden Debatte um die digitale Kindheit werden bei aller Faszination für die handlichen Alleskönner die Zweifler:innen inzwischen lauter.

Prominentester Vertreter im Lager der Medienskeptiker ist der Psychiater und Hirnforscher Manfred Spitzer. Die Medien stürzten sich in den vergangenen Jahren besonders auf seine steilen Thesen, wenn es um eine Kontroverse zur Digitalisierung ging. Spitzer mahnte bereits 2012, Kinder nähmen großen Schaden in ihrer gesunden Gehirnentwicklung, wenn sie frühzeitig digitalen Medien ausgesetzt sind. Die von ihm konstatierte „Digitale Demenz", also die Verdummung aufgrund der ständig verfügbaren Technik, mag zwar alarmistisch und medienwirksam klingen, doch wirft die Behauptung berechtigte Fragen auf: Ab wann ist der Einsatz von Bildschirmmedien schädlich? Und welche Studien sind eigentlich so unabhängig, dass wir ihnen vertrauen können? Spitzer führt ins Feld, dass die Nutzung von Suchmaschinen etwa unser Gehirn in immer der gleichen Weise beanspruche, aber die zum kreativen Denken wichtigen Nervenbahnen ungenutzt brach liegen und schließlich absterben würden. Und besonders schädlich sei das Brachliegen und Absterben von Nervenbahnen für die kindliche Hirnreifung, denn diese Nervenbahnen können später nicht wieder aufgebaut werden. Spitzer erklärt die Hirnreifung für Laien sehr anschaulich: Die stufenweise aufeinander aufbauende und damit langsame Entwicklung des Gehirns durch die synaptische Vernetzung im Laufe der kindlichen Entwicklung sei entscheidend, um später mit einem ausgereiften, erwachsenen Gehirn auf das früh Gelernte aufbauen zu können. Und hier sei besonders relevant, dass die Gehirnrinde nur zu einem Drittel dem Sehen diene, aber zu Zweidritteln der Bewegung (Spitzer 2012, S. 167). Die Hirnrinde, der so genannte Cortex, ist die schöne, strukturgebende Schicht, die wir alle von den Abbildern eines Gehirns kennen, nämlich die einprägsam wabbeligen, rosafarbenen Windungen. Was heißt das aber nun konkret? Welche Bedeutung hat ein bewegungsorientiertes Gehirn für unsere Entwicklung? In erster Linie sagt uns dieser Befund, dass es ohne „Begreifen" im wörtlichen Sinne von be-greifen und „Befühlen" als be-fühlen in der frühen Kindheit auch kein adäquates „Verstehen" am Ende der Hirnentwicklung geben kann. Oder anders gesprochen: Ohne Fingerspiele in der frühen Kindheit, so Manfred Spitzers Beispiel, wird man keine komplizierten mathematischen Rechnungen als Erwachsener durchführen können. Spitzer nennt die natürliche Reifung des Gehirns einen „guten Lehrer", der automatisch dafür sorge, dass Kinder beim Lernen mit dem Einfachen beginnen (ebd., S. 162). Wäre die Gehirnreifung ein Haus, dann würde das Gehirn also von sich aus darauf achten, dass die unteren Stockwerke sicher gebaut sind, bevor es weiter in die Höhe strebt. Das funktioniert allerdings nur, wenn die Erwachsenen nicht mit ihren eigenen Vorstellungen alles durcheinanderbringen – oder mit dem Kauf eines Smartphones für das fünfjährige Kind dessen eines Drittel der Hirnrinde einseitig dauerbeschäftigen. Keine Frage, dass die frühe Konfrontation mit Bildschirmmedien bei Kindern die Zeit zum Begreifen und Befühlen schmälert und entsprechend der „Hausbau" des Gehirns in seinen Fundamenten anders abläuft als geplant. Und laut Spitzer hat das schwere Folgen: Er führt z. B. eine Studie ins Feld, die Aufmerksamkeitsstörungen bei Kindern direkt mit Bildschirmkonsum in Verbindung bringt (ebd., S. 249). Er beschreibt eine Studie von Lillard und Petersen mit vierjährigen Kindern, die 2011 in der Zeitschrift „Pediatrics" veröffentlicht wurde: Drei Kindergruppen á zwanzig Kinder wurden unterschiedlichen Reizen ausgesetzt. Die erste Gruppe sah sich einen schnell geschnittenen Cartoon an, die zweite einen langsam geschnittenen Lehrfilm und die dritte zeichnete neun Minuten lang. Danach wurden „vier einfache Tests zur Funktionen des Frontalhirns" durchgeführt, das waren erstens einen Scheibenturm so umbauen, dass er die geplante Form eines Kegels einnimmt (Turm-von-Hanoi), zweitens der Kopf-Schulter-Knie-Zeh-Test (sagt man Kopf, muss der Zeh berührt werden, sagt man Zeh, muss der Kopf berührt werden), drittens der Marshmallowtest (dieser Test des Belohnungsaufschubs ist ein Klassiker in der Psychologie: Kann das Kind der Versuchung widerstehen, einen Marshmallow gleich aufzuessen und zu warten, bis der Versuchsleiter mit einem zweiten wiederkommt? Oder isst das kleine Kind die begehrte Süßigkeit sofort auf, obwohl es vorher gehört hat, dass es dann keine Aussicht auf Nachschub hat?), sowie viertens Zahlen rückwärts nachsprechen (ich sage eins-zwei, du sagst zwei-eins). Alle Teste zielen auf Konzentration und Selbstkontrolle ab. Das Ergebnis sieht so aus, dass die Zeichner:innen signifikant besser in allen Tests abschneiden als die Gruppe der Cartoongucker:innen. Die Lehrfilmgucker:innen schneiden lediglich im Turm-umbauen schlecht ab. Durch die Bank gute Ergebnisse erzielen nur die Zeichner:innen, d. h. die Kinder, die gezeichnet hatten, verfügen über deutlich mehr Selbstkontrolle und Konzentrationsfähigkeit als die Kinder, die den schnellen Cartoon geschaut haben. Schließlich resümiert Spitzer über die am Bildschirm verbrachte Zeit und die von ihm in kausalen Zusammenhang gebrachte Aufmerksamkeitsstörung bei Kindern: „Wie bereits mehrfach erwähnt, kann dies, gerade bei den noch so flexiblen Gehirnen der Kinder, eines nicht haben: keine Auswirkung." (ebd., S. 250).

Offenbar traf Manfred Spitzer tatsächlich den Zahn der Zeit mit seinem überspitzten Jargon und sprach aus, was viele fürchteten, laut zu sagen. Denn wer will im Zeitalter der Digitalisierung schon als technik- und fortschrittsfeindlich, gar als rückwärtsgewandt gelten? Sein Buch schlug ein wie eine Bombe, und er selbst wurde als Provokateur wahrgenommen. Dementsprechend hagelte es zu Spitzers Buch „Digitale Demenz" haufenweise Kritik: Der SZ-Wissenschaftsjournalist Werner Bartens etwa nannte Spitzers Buch ärgerlich und schludrig sowie einseitig, populistisch und sogar verdummend. Spitzers Nachfolgebuch „Cyberkrank" (2015) erging es ähnlich. Vor allem junge Autoren und Autorinnen nahmen Spitzer die einseitige Kritik an smarten Medien übel (Iden 2016), und Sascha Lobo brandmarkte ihn öffentlich gar als „Digital-Sarrazin". Auch in der Wissenschaft blies Spitzer ein ordentlicher Wind entgegen. Spitzer lege zum Beispiel eine Kausalität zwischen steigender Internetnutzung und sinkenden realmenschlichen Beziehungen nahe, wo Studien lediglich auf „mögliche Zusammenhänge" hindeuteten, unkten seine Kollegen (Appel und Schreiner 2015). Sie warfen Spitzer u. a. vor, er interpretiere neurowissenschaftliche Daten falsch. Wenn wir uns die verheerenden Folgen eines Rechenfehlers in den Gedanken eines einzigen Lungenarztes ins Gedächtnis rufen, die im Januar 2019 zu einem von der BILD-Zeitung angezettelten Fanal gegenüber den Stickoxidgrenzwerten im Straßenverkehr geführt haben, dann zeigt das in etwa, worauf diese Kritiker hinauswollen: Der Alarmismus eines einzigen Arztes verunsichert die Bevölkerung weit mehr, als dass wissenschaftliche Richtigstellungen diese Angst wieder aus der Welt schaffen könnten. Hysterie bleibt haften, denn sie ruft eine stärkere Emotion hervor als jede vernunftgelenkte Gegenrede. So wird Spitzer mit seiner Demenzthese vorgeworfen, Öl in ein Feuer zu gießen, dessen Brandherd noch nicht einmal identifiziert ist. Seine Kritiker werfen ihm Stimmungsmache vor, nach dem Motto: Ist die Digitalisierung erst einmal von einem Mediziner für schädlich befunden worden, dann kann keine Studie mehr gegen die herrschende Angst ankommen – und eine Verbannung und Tabuisierung von schädlichen Substanzen haben noch selten zu einer gesunden, erwachsenen Auseinandersetzung mit ihnen geführt.

Zuerst belächelt und verunglimpft, erweisen sich Spitzers drastische Warnungen aus heutiger Sicht als notwendige Beiträge. Das als „Awareness" bezeichnete Bewusstsein für die negativen Konsequenzen von kindlicher Smartphonenutzung ist in der öffentlichen Aufmerksamkeit deutlich gestiegen. Eindeutig widerlegt wurden Spitzers Warnungen nämlich nicht, im Gegenteil: Auch andere Hirnforscher bestätigen aus der Sicht der Entwicklungsneurobiologie die kritische Haltung gegenüber Mediennutzung bei Kindern, und zwar besonders bei jüngeren Kindern. Der Chefarzt der rheinland-pfälzischen Klinik für Psychosomatik in Kaiserslautern, Alexander Jatzko, bereicherte im Sommer 2018 die Diskussion mit einem Interview über die Macht des Smartphones auf unser Unterbewusstsein (Rheinpfalz vom 1. 8. 2018). Er erklärte, dass Smartphones und digitale Medien mit ihren Ablenkungen und Neuigkeiten das Belohnungszentrum in unseren Gehirnen ansprechen würden – also den Bereich, der auch bei Drogenkonsum getriggert wird. „Jeder, der sich mit Sucht auskennt, weiß, wie stark diese Belohnungszentren sind. Sie sind uralt und archaisch, dort sind unsere Gefühle verankert. Und deren Kommunikation mit dem Großhirn, wo unser Bewusstsein sitzt, funktioniert nicht besonders gut." So kommt der Drang, ständig auf das Smartphone zu sehen, aus den unbewussten Bereichen des Gehirns, quasi ohne bewusst gesteuert zu werden. Wir alle kennen diesen Vorgang: Das Bewusstsein schaltet erst wieder ein, wenn das Display entsperrt ist, die neuen Nachrichten gelesen wurden und wir uns dann plötzlich fragen, was wir eigentlich mit dem Gerät vorhatten. Jatzko bringt die gesunkene Aufmerksamkeitsspanne von Teenagern in Verbindung mit diesem Vorgang – so sinke die Zeit, in der sich die Generation der Digital Natives auf einen Sachverhalt konzentrieren kann, bevor das Belohnungssystem im Gehirn nach etwas Neuem verlangt. Jatzko fordert daher, dass es in Klassenzimmern smartphonefreie Zeiten geben muss, denn: „Wenn im Unterricht ein eingeschaltetes Smartphone in Reichweite ist, achtet das Gehirn dauern darauf, ob nicht irgendeine Nachricht hereinkommt. Die Konzentrationsfähigkeit sinkt." Und Lernen fällt entsprechend schwerer, wenn die Konzentrationsfähigkeit leidet. Natürlich hat auch Manfred Spitzer diesen Punkt aufgegriffen: Wenn etwas unerwartet Positives geschieht, scheiden Zellen im Frontalhirn endogene Opioide aus, sogenannte Endorphine – also Glückshormone. Alle süchtig machenden Drogen aktivieren dieses Belohnungszentrum. Dieses Zentrum speichert auch die suchtspezifische Erinnerung. Deshalb ist das Risiko für Suchtkranke so hoch, nach einer Genesung wieder rückfällig zu werden (Spitzer 2012, S. 271). Im Zusammenhang mit der Internetsucht reagiert das Belohnungszentrum im Frontalhirn vor allem auf das Unerwartete, Unvorhersagbare. Das Posten eines Fotos auf Instagram, das plötzlich hunderte Likes erhält, kann so ein unvorhersagbares Endorphingewitter auslösen, genauso wie 36 eingegangene

Kommentare unter einem Facebook-Eintrag. Die Facebook-Tochter Instagram hat erst Ende 2019 reagiert und zählt die Anzahl der Likes nicht mehr öffentlich – sie sind nur noch für denjenigen sichtbar, der selbst etwas gepostet hat.

Marc Schipper, Professor für Psychologie, greift auf sein Wissen aus der Kognitionspsychologie zurück, wenn er das Lernen erklärt. Kognitionspsychologie bedeutet ja nichts anderes, als den Vorgang menschlicher Wahrnehmung nachzuvollziehen – im Grunde überschneiden sich hier Erkenntnisse aus Neurowissenschaften und Psychologie in einem Feld der Neuropsychologie. Schipper beruft sich bei der Hirnentwicklung auf die Potenziale der Langzeitverschaltung von Neuronen: Nervenzellen, die oft zeitgleich aktiv sind, koppeln sich elektrisch inniger aneinander als solche, die nur gelegentlich synchron aktiv sind (Schipper 2013). Wird beim Lernen eine neue Verbindung von Nervenzellen hergestellt, so entsteht auch ein neues Verschaltungsmuster, das alte verödet. Auf der neuronalen Ebene, so Schipper, ist Lernen nichts anderes als eine Veränderung von Verschaltungsmustern im Gehirn: Je nach Aktivierungsgrad einer neu entstandenen Verschaltung lernen wir eine Vokabel oder einen Handgriff gut oder weniger gut. Diese Fähigkeit, die sogenannte synaptische Plastizität des Gehirns, ist bei kleinen Kindern bis zum sechsten Lebensjahr am stärksten entwickelt, das ergeben Studien der Hirnforschung im letzten Jahrzehnt. Viele Leser:innen werden die daraus resultierende Förderungswut von anderen Eltern kennen, oder vielleicht auch selbst den Reiz erleben, ihre Kinder möglichst früh mit Extrabildung versorgen zu wollen: Geigelernen schon in der Kinderkrippe, Schreiben üben mit drei, den Nachwuchs zum Kurs der musikalischen Früherziehung schleppen. Seine ungesunden Auswüchse erreicht dieser Frühbildungswahn im Klischee vom

Chinesischkurs im Kindergarten. Die jüngeren Erkenntnisse der Hirnforschung sind also in unseren Alltag eingesickert, obwohl wir nur die einfachste Aussage ihrer Ergebnisse verstanden haben: *Das kindliche Gehirn ist extrem lernfähig.* Wir kennen das aus dem Vorteil des zweisprachigen Aufwachsens: Wer früh zwei (oder mehrere) Sprachen gut erlernt hat, wird diese für immer perfekt beherrschen können. (Die Kehrseite, die aus dieser hochkomplexen Sprachlernleistung erwächst, ist vielen nicht bewusst: Die Überforderung zwei- und mehrsprachiger Kinder führt in frühen Jahren dazu, dass sie weniger sprechen können als andere Kinder ihres Alters. Und nur, wer konsequent seine Muttersprache mit dem Kind spricht, wird dem Kind eine echte Zweisprachigkeit im Sinne des Erlernens von grammatikalischen Strukturen ermöglichen.) Was also die Erkenntnis der frühen kindlichen Lernbereitschaft bedeutet, ist nach Spitzer, Schipper und Co. absolut <u>nicht</u>, dass kleine Kinder bereit sind, komplexe Lerninhalte aufzunehmen. Offenbar führt hier ein laienhaft verstandenes Ergebnis der Hirnforschung zu einem pädagogischen Kurzschluss bei Eltern und manchen Erziehungseinrichtungen. Viel wichtiger für das Lernen sind die ganzheitlichen Erfahrungen, die Kinder beim Toben, Spielen und Bewegen machen. Denn nur diese regen den natürlichen Entwicklungsprozess an, der – laut Spitzer – selbst der beste Lehrer ist. Wer aber nun sein zweijähriges Kind mehrere Stunden täglich am Display eines Tablets oder Smartphones beschäftigt, sorgt ziemlich früh dafür, dass die Aufmerksamkeitsspanne des Kindes kurz ist und dass bestimmte Verschaltungen im Gehirn, die für die Fein- und Grobmotorik zuständig sind, veröden können, während die visuelle Reizverarbeitung optimiert wird. Bis zum sechsten Lebensjahr, so können wir es als Handreichung der Kritiker verstehen, sollten wir unsere Kinder nicht an die Bildschirmmedien lassen. Auch die Professorin für Medienpädagogik Paula Bleckmann warnt vor der frühkindlichen Mediennutzung. Sie ist von der Waldorfpädagogik beeinflusst, der man getrost eine Medienfeindschaft attestieren kann. Bleckmann warnt davor, dass die frühe Mediennutzung die Bedürfnisbefriedigung auf Knopfdruck trainiere, und nicht die eigenen Anstrengungen. Damit erhöhe sich das Risiko deutlich, im Erwachsenenalter an einer Sucht zu erkranken, so Bleckmann (Bleckmann 2014, S. 10). Das Risiko, suchtkrank zu werden, steige dabei proportional zur Dauer der Mediennutzung im Kindesalter an. Bleckmann hat ihre Expertise genutzt und einen äußerst medienkritischen Praxisratgeber geschrieben, nach dem Kinder erst viel später mit digitalen Medien in Berührung kommen sollen als dies bislang der Fall ist (Bleckmann und Leipner 2018). Sie rät Eltern dazu, das Familienleben smartphonefrei zu gestalten und sich mit den anderen Eltern aus der Schulklasse des Kindes abzusprechen, wann ein Smartphone sinnvoller Weise angeschafft werden soll. Nach ihren Vorstellungen ist das mit ungefähr vierzehn (!) Jahren.

Es gibt auch andere Töne unter den Medienskeptikern, wie die von Psychotherapeut Georg Milzner. Er findet, dass nicht die Technik, sondern die Vielzahl der Reize und die engen Taktungen problematisch an unserem Smartphonegebrauch seien. Denn durch diese gerieten „unsere engsten Beziehungen und die zu uns selbst aus dem Blick" (Milzner 2017). Milzner stellt fest, dass immer mehr Menschen durch die Reiz- und Bilderüberflutung den Kontakt zu ihrem Inneren verlieren und nicht mehr wissen, was gut für sie ist: „Denn in einer Kultur, für die es normal ist, ständig etwas zu posten und sich immerfort zu zeigen, bleibt für die Wahrnehmung des eigenen Selbst, bleibt für das Selbstgefühl wenig Raum". So ergebe sich zum Beispiel ein unmittelbarer Link zwischen den Symptomen einer Depression und der übermäßigen Nutzung von Smartphone und Co, denn mangelndes Selbstgefühl und fehlende Achtsamkeit ist eine der Ursachen für psychisches Leiden. Dazu kommt, dass die Konzentrationsfähigkeit eine grundlegende Eigenschaft ist, die Einfluss auf alle Lebensbereiche hat: Wer sich nicht auf sich konzentrieren kann, kann schlechter lernen, die Person wird weniger Lebensqualität, weniger Bildungserfolge erzielen, wird weniger Achtsamkeit erfahren und damit sogar weniger Glück empfinden können. Dass ein Zusammenhang zwischen erhöhter Mediennutzung und Konzentrationsstörungen besteht, folgt aus dieser Logik und ist weitgehend unbestritten. Andere sprechen in diesem Zusammenhang vom Burn-Out bei Kindern und Jugendlichen: Sie erleiden eine Art Erschöpfungs-Depression, weil sich das von sekündlichen Impulsen dauergestresste Gehirn nicht mehr erholen kann. Die Beobachtung meiner eigenen Kinder bestärkt mich in der Annahme, dass Kinder für die Reize der Geräte empfänglicher sind: Die Blick-Hand-Bewegungszeit meiner Kinder auf dem Touchscreen ist deutlich schneller als meine eigene, C-64-sozialisierte Reiz-Reaktions-Verarbeitung. Offenbar können die Gehirne meiner Kinder die schnelleren elektronischen Reize auch schon entsprechend schneller verarbeiten, als es mein Hirn gelernt hat. Alle Umweltreize, welchen Erfahrungssinn sie auch ansprechen mögen, manifestieren sich in elektrischer und chemischer Art im Nervensystem. Insofern entwickelt sich das ganze Gehirn anders, wenn jemand dauerhaftem Bildschirmkonsum ausgesetzt ist. Entsprechend kann Dauerstress und Überreizung schon bei Kindern zum Shutdown des Systems führen. Und anstatt mit vielen Kindern eine Hütte im Hof zu bauen, Fangen zu spielen, aus Stöcken Figuren zu schnitzen oder im Bach zu planschen, sitzen unsere Kinder heute immer öfter am Tablet oder schnappen sich unsere Smartphones, um ein Online-Spiel zu spielen. Unter Experten wird dieses Phänomen „life skills reduction" genannt: Die Fähigkeiten, im Leben klarzukommen, werden gar nicht mehr richtig ausgebildet. Es ist die „Körperlernzeit", die unseren Kindern gestohlen wird, sagt der Neurobiologe Gerald Hüther (Doll 2010). Der Begriff Körperlernzeit spielt wie der des ganzheitlichen Lernens darauf an, dass Kinder zum Lernen all ihre Sinne benötigen. Es sind nun mal die „am Leib" gemachten Erfahrungen, die sich einprägen – und die finden nicht am Bildschirm statt. Langeweile auszuhalten und die damit verbundenen Gefühle selber in den Griff zu bekommen; einen Streit anzuzetteln und zu weit gegangen zu sein, das daraus resultierende Gefühl von Reue kennenzulernen und sich zu entschuldigen: All das sind körperorientierte Erfahrungen, die ein Kind braucht, um zu lernen – und die es nicht macht, wenn es vor einem Bildschirm sitzt. Zu guter Letzt kommt hinzu, dass die Möglichkeiten zum freien Spiel in Gärten und Höfen für unsere Kinder immer stärker eingeschränkt werden, weil Familien zunehmend in wachsenden Städten auf engerem Raum leben. Und in den Städten ist die Umgebung immer noch kinderfeindlich, es gibt kaum Räume für ihre Bedürfnisse – gerade in Deutschland (vgl. Hurrelmann und Timm 2015, S. 180 ff.).

Alle Eltern, die diese Zeilen lesen, werden nun einen Schrecken bekommen oder nur müde lächeln, denn sie wissen, dass die Idee der smartphonefreien Kindheit zum Scheitern verurteilt ist. Das Gebot, Kinder unter sechs Jahren ohne Bildschirmmedien aufwachsen zu lassen, ist für alle Familien realitätsfremd, in denen Smartphones besessen werden. Also in so gut wie allen Familien! Jedes kleine Kind ist mit den Displays von Eltern-Smartphones konfrontiert. Es kann in diesem Buch deshalb nur um die Frage gehen, wie wir mit unserer digitalen Realität so kinderfreundlich wie möglich umgehen und wie wir dabei die Entwicklungshemmnisse, die am Wegesrand lauern, optimal begrenzen können. Auch der Vorschlag, Kindern bis vierzehn Jahren ein Smartphone vorzuenthalten, ist wenig realistisch. Ein solches Verbot lässt sich vielleicht an einer privaten Waldorfschule durchsetzen, deren technik-skeptische Weltanschauung eine ausgesuchte Eltern-schaft vereint. Aber der Statusgewinn, der sich mit dem Smartphonebesitz verknüpft hat wie früher die Wahl der richtigen Jeans- oder Fahrradmarke, sorgt dafür, dass es keine praktische Umsetzung eines solchen Verbotes geben *kann,* vor allem auf staatlichen Schulen nicht. Im Gegen-teil: Gerade, wenn es Verbote gibt, ist die Kraft des Status-symbols umso größer, weil es dann noch cooler und noch prestigegenerierender wirkt, wenn Karl, Huessein oder Chiara mit dem neusten Samsung-Smartphone oder dem i-Phone 11 verbotenerweise in der Schule auftauchen. Das erwünschte Objekt der Begierde wird erst recht zum Fetisch gemacht, wenn es mit einem Tabu belegt ist. Mein Sohn hat schon in der ersten Klasse bemängelt, dass er im Gegensatz zu seinen Klassenkameraden noch kein Smartphone besitzen würde – ein Indiz dafür, welch große Rolle das Smartphone schon im Leben von Sechs-jährigen spielt, besonders unter wettbewerbsliebenden Jungen, die dabei sind, ihre Position in der Gruppe auszu-loten. Weder ich noch mein Mann sind mit den neusten Smartphones ausgestattet, wir hinken den neuen Modellen sogar um Jahre hinterher. Und trotzdem – sei es durch den Opa, die Nachbarin oder andere Kita-Kinder – hatte das Smartphone für unseren Sohn bereits sehr früh die Zuschreibung eines auserlesenen Spielzeuges erreicht, ja, ich würde sagen, eines absoluten Kindheitstraums. Der Freund meines Sohnes – gleiche Kita, gleiche Klasse – bekam sein eigenes iPad zur Einschulung geschenkt. Er hatte auch schon die beiden abgelegten iPhones der Eltern bekommen, als er fünf Jahre alt war. Obwohl ich mit seinen Eltern bekannt war, wäre mir niemals in den Sinn gekommen, mit ihnen über diese Praxis zu diskutieren. Mein Sohn musste lernen, dass solche unterschiedlichen Handhabungen in Familien vorkommen. Es bleibt jedem selbst überlassen, wann er oder sie es für richtig hält, sein Kind mit diesen Geräten auszustatten, und selbst wenn die Schule eine Empfehlung aussprächte, die wenigsten würden sich daran halten. Tatsächlich gestand mir eine Waldorfschullehrerin aus Berlin, dass auch sie zahlreiche Fälle kenne, in denen sich die Eltern zu Hause über das Verbot der Schule hinwegsetzten.

Mein Sohn bekam noch lange kein Smartphone. Aber der geknickte Stolz, den der Nicht-Besitz eines Smartphones bei ihm auslöste, zeigte mir, dass wir Eltern gar nicht anders können, als dem Wunsch irgendwann nachzugeben, um dem Gerät nicht noch zusätzliche Bedeutung zu verleihen, die es dann zur Krönung der Must-haves einer Kindheit adelt. Und dieses Nachgeben ist ganz sicher vor dem vierzehnten Geburtstag – es sei denn, Eltern haben Nerven wie Drahtseile und können dem Bitten und Betteln des Kindes bis dahin widerstehen. Oder die Großeltern, Tanten, Onkel grätschen nicht dazwischen, indem sie sich zu den frühen Wunscherfüller:innen machen, was oft geschieht. Auch Trennungen der Eltern sind ein Faktor für den frühzeitigen Smartphonebesitz von Kindern. Als Grund gilt meistens die gute Erreichbarkeit des Kindes für beide Elternteile. (Mehr zum richtigen Zeitpunkt von eigenen Bildschirmgeräten gibt es in Kap. 3.)

Was nehmen wir nun von all den verheerenden Warnungen mit? Die Skeptiker:innen reüssieren zwar mit ihrer Bildschirmwarnung, aber gleichzeitig ist deren Weltsicht unrealistisch bis digitalfeindlich, und für Familien ist es völlig unmöglich, Smartphoneverbote bis zum vierzehnten Lebensjahr durchzusetzen. Gibt es auch Stimmen, die einer digitalen Kindheit etwas Positives abgewinnen können?

Medienmü(n)digkeit? Wenn die Abstinenz von digitalen Medien schadet

Die nächste Frage, die wir Eltern uns stellen, bahnt sich bereits an: Ab wann kann die Abstinenz von digitalen Medien eigentlich auch schädlich für unsere Kinder werden? Wie jene Medienskeptiker gibt es nämlich ebenso viele Enthusiasten, die zu mehr Aufgeschlossenheit im Umgang mit digitalen Medien aufrufen, etwa in der Schule. Ein Stichwortgeber der „digitalen Bohème", wie die internetaffine Bewegung gegen Ende der 2000er Jahre genannt wurde, ist etwa Sascha Lobo, der vor Panikmache und Dämonisierung von smarten Medien warnt. Das sei es, was uns abschrecke, uns überhaupt mit digitaler Technik zu beschäftigen: „Wenn man seinem Kind die Garantie mit auf den Weg geben möchte, dass es arbeitslos werden soll, dann sollte man es dringend von allem Digitalen fernhalten", so Lobos lakonische Feststellung in einer ARD-Talkshow. Und genau diese Angst des Abgehängtwerdens macht uns Eltern empfindlich. Denn wir sehen die Techniknerds um uns herum, und vielleicht schmeichelt es uns sogar selbst, wenn jemand uns „Tekkie" nennt, weil wir uns auskennen und mitreden wollen in dieser zukunftsverheißenden Cyberwelt. Laut Wikipedia ist ein Tekkie nämlich kein Nerd, sondern eher ein leidenschaftlicher Nutzer von Technik. Dem Zeitgeist zu entsprechen und einen blogofonen, modernen Lebensstil zu pflegen, inklusive Website, Instagram-Account und Spotify, das gehört für die normale Mittelschicht inzwischen zu einem Standardrepertoire. Die Vernetzung der Haushaltsgeräte mit Assistenten wie Alexa, Bixby und Cortana zieht sich inzwischen ebenfalls durch alle Schichten hindurch, völlig unabhängig von Bildungsgrad, Einkommen oder Alter. Auch meine Schwiegermutter bekam mit ihren siebzig Jahren eine Alexa geschenkt. Zu Beginn musste sie zwar öfter ihren Sohn anrufen, um ihre Lieblingsmusik hören zu können – wie heißt die Tante noch gleich? – aber schon bald war Alexa aus ihrem Alltag nicht mehr wegzudenken. Durch die intuitive Sprachsteuerung ist der smarte Assistent auch für weniger technikaffinen Menschen eine Eintrittskarte in die digitale Welt. De facto hat die smarte Technik unseren Alltag, unsere Wohnungen oder Autos fest im Griff – ohne Smartphone oder Tablet ist unser (Arbeits-)Alltag undenkbar geworden. So ist es verständlich, dass kaum eine Stellungnahme zur Bildungspolitik mehr ohne die Forderung nach einer Digitalisierung an deutschen Schulen auskommt, und sogar die Suchtbeauftragen der Länder fordern mehr Mittel, um Kinder medienkompetent zu machen. 2017 startete – um eines von vielen Beispielen zu nennen – die Initiative „Digi Kids", ein Medienkompetenzprojekt der Techniker Krankenkasse und der hessischen Landesstelle für Suchtfragen (digikids.online). Ziel sind „digital starke Kinder" und keine „digitalen Analphabeten", so der Projektleiter, und per Internet können Eltern und Kinder an „Webinaren" teilnehmen – zumindest konnten sie das im Jahr der Landtagswahlen noch. Die Botschaft der stattgefundenen Workshops ist klar: Die Kinder fit zu machen für das digitale Zeitalter ist die zentrale Herausforderung für alle Bildungseinrichtungen, angefangen bei der Kita, in der Grundschule und später erst recht. Meine Suche nach Projekten zur Digitalkompetenz für

Kinder ergab eine erstaunliche Vielzahl an geförderten Initiativen und Projekten, die bereits etwas zu sagen und zu forschen haben. Sogar der Spielzeughersteller HABA bietet inzwischen Digitalwerkstätten an. Auch das Bundesland Thüringen erweist sich als Pionier auf dem Gebiet der digitalen Bildung. Digitale Workshops bringen Kindern Programmiersprachen nahe und setzen sich mit Mini-Computern wie dem Calliope auseinander (dazu mehr im Kapitel „Technik intelligent nutzen"). Auf der Seite www.kids-digital.de heißt es: „Da unserer Meinung nach an Schulen von viel zu wenig bis gar nix passiert, haben wir uns überlegt, wir müssen etwas anfangen". Und das bedeutet, die Kinder für die technischen Möglichkeiten der Computerwelt zu begeistern. Wir erfahren auch von Initiativen wie „Devoxx4kids", ein Ableger für Kinder und Jugendliche von der unabhängigen Entwickler-Konferenz #Devoxx, die 2018 in Kiew und Marokko stattfand. Devoxx findet übrigens 2019 auch in anderen europäischen Ländern statt, Deutschland ist nicht dabei, obwohl der Deutsche Stephan A. Jansen die Konferenz einst gegründet hat. Devoxx4kids hat in Deutschland inzwischen sechs Teams, die mit den Kindern Programmiersprachen wie Scratch lernen, und zwar in Paderborn, Karlsruhe, Wiesbaden, Hamburg, München und Thüringen. Gesponsert werden die Veranstaltungen auch: Von den regionalen Entwickler- und Softwarefirmen, die rund um die Städte bzw. in Thüringen in mehreren Städten angesiedelt sind. Denen geht es um die klugen Köpfe von morgen – kein Wunder bei der explodierenden Zahl des Fachkräftemangels. Die Software- und Entwicklerbranche hat längst erkannt, was der Autoindustrie so schwer fällt zu erkennen: Wer sich nicht ändert, verliert den Anschluss auf dem unübersichtlichen Weltmarkt. Und so gibt es die Stimmen, die warnen: Wenn wir den Kindern nicht die Fähigkeiten mitgeben, die sie in der Welt von morgen brauchen, dann verlieren wir den Anschluss. Dann war Deutschland mal Exportweltmeister, und auch das Land der Tüftler und Ingenieure könnte bald Geschichte sein (Lobo 2016). Der Devoxx-Gründer Jansen hat übrigens jüngst ein Buch veröffentlicht: Es heißt „Die Befreiung der Bildung". Darin rät er dringend vom aktuell geltenden Lehrplanunterricht ab. Jansen plädiert für die Selbstentfaltung der Sich-Bildenden. Zertifikate und Bildungsabschlüsse hält er in einer digitalisierten Welt für überholt. Die momentane Praxis, nach der IT-Berater angestellt werden, gibt ihm Recht: Bei 82.000 offenen Stellen im IT-Bereich ist die Hauptsache, man beherrscht HTML – wo man sich die Programmiersprache angeeignet hat, spielt keine Rolle.

Doch immer noch ist es da, das kleine, giftige „aber", das unsere Unwissenheit und Unsicherheit füttert. Es ist die fehlende empirische Beweislage, d. h. die mangelnde Evidenz, die jeder Diskussion über die Nutzungsgewohnheiten digitaler Medien ihren argumentativen Boden entzieht. Was macht das kleine Gerät, das wir permanent mit uns rumschleppen, wirklich mit uns? Was werden wir in dreißig Jahren wissen, was unser Handeln von heute als schädlich entlarven könnte? Sind es die Strahlen? Oder doch die negativen Auswirkungen auf das Kindergehirn? Oder wird es gar der Mensch selbst sein, der vor lauter künstlicher Intelligenz und smart technology am Ende auf der Strecke bleibt? Wir alle kennen noch die hyperkritischen Fernsehdebatten aus den 1980er Jahren oder die angst-heischenden Pädagogen, die bei der Einführung des Nintendo „Gameboy" bereits schwarz für unsere eigene Zukunft sahen. Und die haben sich als übertrieben herausgestellt. So zitiert der Medienpädagoge Johannes Fromme einen alten Kritiker aus dem Jahr 1985, in dem sich alle gesellschaftlichen Bedenken widerspiegeln: „'Computerkinder' würden zu sozial isolierten Menschen, der

Kontakt zu anderen Menschen, den Freunden reiße ab, ‚die Freuden und Probleme des Alltags werden irrelevant gegenüber dem, was sich auf dem Bildschirm entwickelt'" (Eurich 1985 nach Fromme 2015, S. 10). Aber genau so sehen sie heute immer noch aus, die Ängste einer ganzen Elterngeneration gegenüber den Computer- und Smartphonespielgewohnheiten ihrer Kinder.

Wurde die nach 1995 geborene Generation „Digital Natives" genannt, so haben wir es heute mit einer aufwachsenden Generation zu tun, deren Eltern selbst mindestens jener Gameboy-Nutzer, der „Generation X", oder der bereits stark digital orientierten „Generation Y" angehören, also die nach 1985 Geborenen. Wir sind eine Elterngeneration, die für sich beansprucht, mit Clouds, Datensicherheit und den Privatsphäre-Einstellungen von Facebook umzugehen. Als ich neulich beim Koreaner auf meinen Bimbimbap wartete, schilderte der etwa dreißigjährige Tischnachbar seinem Arbeitskollegen eine mir gut bekannte Situation, nämlich das ungewohnte Alltagsleben mit einem Neugeborenen. Mein Lunchgenosse erzählte, wie es ihn angstrengt hat, angesichts seines 8-Wochen jungen Nachwuchses abends nach Hause zu kommen und dann auch noch einkaufen und kochen zu müssen. Er bestellte kurzerhand bei einem Onlineanbieter Foodboxen, in denen die Zutaten samt Rezept ins Haus geliefert werden und nur noch verarbeitet werden müssen – die perfekte Lösung für ihn, befand der junge Vater. Dieser Pragmatismus ist kennzeichnend für die Lebensrealität der heutigen jungen Eltern: Statt sich zu beklagen oder den Verdruss über eine Doppelbelastung zu thematisieren, gehen die Eltern online und bestellen Foodboxen, die den Alltag erleichtern, aber trotzdem das Kochen mit frischen Zutaten ermöglichen. Eine saubere, digitale Lösung – einzig der Lieferservice mit seinem CO_2-Ausstoß bleibt aus klimapolitischer Sicht anstößig.

Doch dieser Pragmatismus und alles technische Know-how, das unsere Elternschaft begleitet, können doch nicht über unser Unbehagen hinwegtäuschen, das wir angesichts unserer Kinder spüren, die mit all diesen smarten Geräten und smarten Lösungen aufwachsen. Der Anblick von krabbelnden Babys, die mit digitalen Medien mehr anfangen können als mit ihrem Spiegelbild, ist bereits zur Normalität geworden. Wer schon einmal beobachtet hat, wie ein Baby einen Spiegel in Sichtweite erblickt, drauf zu krabbelt, und auf dem Spiegel die Hand im Vergrößerungsmodus bewegt, als sei es ein Tablet, der ist inzwischen kaum mehr befremdet – es gehört zu unserer Normalität im digitalen Zeitalter. Doch solche Bilder spiegeln uns, wie weit die Digitalisierung die kindliche Entwicklung bereits im Griff hat. Wir sollten uns trotz aller Gewöhnung wundern, wie weit die technische Entwicklung unsere Menschwerdung bereits beeinflusst.

Der Trend zum Einkochen, Einmachen und Do-It-Yourself entstand nicht zufällig in einer Zeit, in der plötzlich alles per Knopfdruck und Paketdienst easy nach Hause bestellt werden konnte. Es gibt inzwischen eine unterschwellige Skepsis gegenüber dem digitalen Lebensstil. In einer 2015 vorgestellten Studie zur Internetnutzung von Kindern kam heraus, dass ganze zwei Drittel der Eltern von drei- bis achtjährigen Kindern diesen verbieten, ins Internet zu gehen. Eltern befürchten nämlich, dass die Kinder den Risiken des Internets ungeschützt ausgesetzt sind, sie haben Angst vor Mobbing oder dass ihre Kinder Kontakt zu unbekannten Personen aufnähmen. Bei den achtjährigen Kindern nutzen bereits immerhin mehr 55 % der Kinder das Internet, aber die Eltern sind verunsichert:

„Bei vielen Eltern gibt es erhebliche Unsicherheiten. Weit verbreitet ist die Vorstellung, dass moderne Medien heute quasi selbsterklärend seien.

Gleichzeitig ist vielen Eltern bewusst, dass es beim Umgang mit digitalen Medien um mehr geht als das Bedienen von Benutzeroberflächen. (…)

Je weniger kompetent Eltern sich selbst hinsichtlich des Umgangs mit dem Netz fühlen, desto weniger Sicherheitsmaßnahmen ergreifen sie für ihre Kinder."

(aus: DIVSI-U9 Studie: Kinder in der digitalen Welt 2015)

Genau diese Beobachtung scheint der Ausgangspunkt für die digitale Fürsorge zu sein, die wir Erwachsenen uns selbst und unseren Kindern angedeihen lassen sollten. Wer kennt dieses Gefühl leichten Genervtseins nicht, das uns den Kindern das Tablet in die Hand drücken lässt? Wir wissen, dass sie sich stundenlang selbst damit beschäftigen können. Oder wer ist umgekehrt frei von dem Impuls, das Ding für eine Woche endlich wegzusperren, damit es ein für alle Mal reicht? Nun, es reicht offenbar alles nicht aus, wir müssen diese Impulse hinterfragen. Es hilft nicht, gegen den Umgang mit digitalen Medien zu wettern und sie aus unserem (Familien-)Alltag zu verbannen und auch nicht, sie mit simplen Verboten zu belegen. Wir müssen von Grund auf lernen, gesund mit den digitalen Möglichkeiten umzugehen. Dazu gehört auch, dass wir uns mit ihnen gut auskennen.

Paula Bleckmann sieht in den verschiedenen öffentlichen Meinungen den Widerstreit zweier Interessensgruppen. Sie vergleicht das empfohlene Startalter, ab dem Kindern von Experten zum Umgang mit PCs geraten wurde – wohlgemerkt mit Offline-PCs, den Dinosauriern unseres digitalen Zeitalters! Professoren und Professorinnen für Entwicklungspsychologie und -pädagogik plädierten für einen Medieneinstieg zum Ende des Grundschulalters. Professor:innen rund um die Medienberufe, also für Medien-Design, Medien-Produktion und Medienpädagogik, plädierten zu einem Beginn der Mediennutzung bereits im Kindergartenalter, die Altersempfehlungen klafften also um fünf Jahre auseinander. Bleckmann nennt die erste Lobby Kinder-Experten und die zweite Lobby Medien-Experten. Sie ist der Meinung, dass die Kinder-Lobby die Entwicklung der Kinder im Blick habe, während die Sicht der Medienexperten zur Durchführung von Medienprojekten in Kindergärten ermutige, hinter denen auch das Interesse von gewinnorientierten Unternehmen stehe. Hier nennt Bleckmann das KidSmart-Projekt von IBM Deutschland oder die von Microsoft gesponserte Initiative „Schlaumäuse" (Bleckmann 2014, S. 9). Die Professorin schlägt vor, Kinder „medienmündig" zu machen, anstatt der viel beschworenen Medienkompetenz das Wort zu reden, bei der es eher um die technische Beherrschung der Geräte gehe als um die Fähigkeit, digitale Medien dosiert zu nutzen. Medienmündigkeit heißt nach Bleckmann: Kinder sollen lernen, Medien aktiv, dosiert, kritisch reflektierend und technisch versiert zu nutzen. Medienmündigkeit wäre also im besten Sinne digitale Fürsorge: „Medienmündigkeit bedeutet, dass ein Mensch die Medien beherrscht, und nicht umgekehrt." Daraus lässt sich Folgendes schließen: Es ist offenbar nicht die verfügbare Technik, die ein Problem für Kinder darstellt, sondern die unbedachte und grenzenlose Verwendung und das uneingeschränkte Zurverfügungstellen, die schädlich sind. Hier setzen auch digitale Angebote an, die vermehrt von den Landes- und der Bundesregierung, aber auch den Krankenkassen gefördert und umgesetzt werden.

Was soziale Ungleichheit mit Bildschirmkonsum zu tun hat

Der Jugendforscher Hurrelmann nennt die Hirnforschung generell zu schwarzmalerisch. Er schätzt das Potenzial, das im Umgang mit Bildschirmmedien steckt, vielmehr als positiv ein. Hurrelmann betont die Entwicklung von Kreativität per Smartmedium bei Kindern und Jugendlichen und die Möglichkeiten, die es zum Austausch und Anregen bietet (Feibel 2017, S. 165). Doch auch er räumt ein, dass es negative Effekte einer Reizüberflutung durch digitale Medien geben kann, etwa die erwähnten Konzentrationsstörungen. Und so kommt es, dass Hurrelmanns Erkenntnis auch in anderer Hinsicht aufhorchen lässt: Offenbar hängt der Umgang mit Bildschirmmedien und ihre positiven oder negativen Effekte stark vom Elternhaus ab, denn junge Leute, „die durch ihr Elternhaus eine gute Bildung haben, kommen auch mit modernen Medien besser zurecht und nutzen sie kreativer. Bei ihnen sind die negativen Begleiterscheinungen schwächer als bei den anderen", so Hurrelmann.

Diese Diagnose ist erschreckend, weil sie zeigt, wie die Nutzung von digitalen Medien die soziale Ungleichheit weiter zementieren wird. Wir haben bereits verstanden, dass die ausufernde Nutzung von Bildschirmmedien die Konzentrations- und Lernfähigkeit beeinträchtigt. Nun ist die nächste Schlussfolgerung die, dass Kinder aus sozial benachteiligten Haushalten besonders stark von den negativen Konsequenzen der übermäßigen Bildschirmnutzung betroffen sein werden oder es bereits sind. Studien zu Krankheiten wie Adipositas und Diabetes verstärken den Eindruck, dass das Elternhaus massiv zu den digitalen Begleiterscheinungen beiträgt, denn übermäßiger Bildschirmkonsum bedeutet, dass weniger motorische Fähigkeiten ausgebildet werden und weniger Freude an

Bewegung entsteht, eine der Ursachen von Übergewicht bei Kindern und Jugendlichen.

Aber nicht nur die körperlichen Einschränkungen wie Fettleibigkeit und Diabetes haben problematische Folgen, sondern vor allem die neurologischen Folgen, die Konzentrationsstörungen hervorrufen, zementieren auf einer körperlichen Ebene die Weitergabe einer sozialen Schlechterstellung qua Herkunft: Wer sich im Kinder- und Jugendalter nicht konzentrieren kann, wer sozial auffällig wird, wer wenig motorische Fähigkeiten ausbilden kann, wird im jungen Erwachsenenalter erneut benachteiligt, wenn es um die berufliche Ausbildung und die Möglichkeit zum sozialen Aufstieg geht. Dies ist eine himmelschreiende Tatsache, die dringend einer staatlichen Intervention zu mehr digitaler Fürsorge in Form von Aufklärung und Bildung bedarf und sogar zur Beteiligung der verdienenden Firmen an den gesundheitlichen Folgekosten. Hier liefert auch die U9 Studie „Kinder in der digitalen Welt" aufschlussreiche Ergebnisse. Zwar haben die Einkommensunterschiede der Eltern keinen Einfluss darauf, ob Kinder Spielkonsolen, Smartphones und Computer bzw. Laptops nutzen, aber die Studie zeigt, dass

> „Kinder von Eltern mit niedrigeren Bildungsabschlüssen das Internet deutlich seltener für Informationssuche oder Lernzwecke nutzen. Kinder von Eltern mit geringer formaler Bildung haben im Kontext Spiele einen stärkeren Unterhaltungsfokus und nutzen das Internet deutlich seltener für Informationssuche und Lernzwecke als Kinder von Eltern mit formal höherer Bildung."
>
> (DIVSI-U9 Studie: Kinder in der digitalen Welt 2015)

Dieser Befund beweist, wie stark die Digitalisierung die soziale Ungleichheit in unserer Gesellschaft zementieren wird, wenn nicht gegengesteuert wird: Die einen lassen ihre Kinder unbeaufsichtigt mit Online-Spielen allein, die nicht altersangemessen sind, während die anderen die Smartphone-Zeit ihrer Kinder begrenzen. Die einen lassen ihren Nachwuchs mit dem Tablet Vokabeln lernen, und andere sind nicht da, wenn die Kinder stundenlang einer regelrechten Spielsucht verfallen.

Digitalisierung allein führt also nicht zu mehr Chancengleichheit, im Gegenteil! Die Forscher fanden auch heraus, dass Eltern mit geringerer formaler Bildung der Meinung sind, „man bräuchte Kinder beim Erlernen des Umgangs mit digitalen Medien nicht anzuleiten, da sie dies von allein lernen würden" (ebd.). Die rigide Waldorfpädagogik, die an Privatschulen betrieben wird, tut ihr Übriges: Werden die Eltern an solchen Schulen dazu angehalten, kollektiv *keine* elektronischen Medien zur Verfügung zu stellen, so erweist sich der freigeistige und jeder Familie überlassene Umgang mit Smartphones und Tablets an öffentlichen Schulen zum Motor für das Einüben konzentrationsschädigender Praktiken wie „Dauerzocken und Suchten", wie mein Sohn es im Sprech seiner Lieblings-YouTuber nennen würde. Die idealen Eltern von Smartphonekids sehen also so aus: Sie sind selbst digital versiert, haben aber auch genügend Zeit, ihre Kenntnisse an den Nachwuchs weiterzugeben. Sie sind technisch immer auf einem aktuellen Stand und kennen die besten Apps und Spiele für ihre Kinder, gleichzeitig geben sie ihre Vorbehalte gegenüber möglichem Datenmissbrauch an die Kinder weiter, klären diese also über die Missstände im Netz auf. Eine ganz besondere Zuspitzung dieser sozial ungleichen Zugänge zu digitalen Bildungsmöglichkeiten erfährt unsere Gesellschaft zur Zeit der Corona-Pandemie und des Homeschoolings: Wer jetzt keine schnelle Internetverbindung oder ordentliche digitale Endgeräte zur Verfügung hat, der kann die gestellten Homeschooling-Anforderungen gar nicht erst erfüllen – aber vor allem können Kinder, deren Eltern im Hintergrund darauf achten, dass sie die gestellten Aufgaben tatsächlich bearbeiten, von der Homeschooling-Situation stärker profitieren als jene, deren Eltern nicht darauf achten oder es nicht können, so der Soziologe Heinz Bude (Bude 2020). Bude spricht in diesem

Zusammenhang vom Aufklaffen einer starken Ungleichheit in der Gleichheit, die die Corona-Situation geschaffen hat. Das bedeutet, dass sich die Effekte der sozialen Ungleichheit durch die digitalen Möglichkeiten und ihrer Zugangs- oder Leseschwierigkeit noch verschärfen könnten. Aber Bude ist kein Schwarzmaler, er sieht vor allem die Möglichkeiten an, die digitale Kommunikationswege gleichzeitig eröffnen können. Und tatsächlich: Wenn wir uns die neu erprobten digitalen Möglichkeiten zur direkten Ansprache der Schüler:innen ansehen, die durch Zoom-Konferenzen oder andere Plattformen von Lehrer:innen genutzt werden, dann können auch Kinder aus weniger bildungsorientierten Elternhäusern von den Aha-Erlebnissen profitieren, die ihnen ihr Smartphone oder Tablet ermöglicht. Denn in der direkten Ansprache der Lehrer:innen, die den Alltag der Kinder und Jugendlichen berührt, liegt eine neue Chance, ihren Bildungseifer zu entfachen.

Ein Beispiel aus Berlin-Kreuzberg, vor Corona. Eine Bekannte verschickt über ihr Instagram-Account ein Bild von der Internetkonferenz re:publica und schreibt dazu „Nach der Arbeit noch schnell auf der re:publica vorbeigeneakt". Auf dem Foto: Das Motto der diesjährigen Veranstaltung „tldr" – too long; didn't read. Johnny Haeusler, einer der re:publica-Protagonisten, erklärt den Slogan damit, dass sich die Konferenz den Langfassungen solcher Texte widmen möchte, die sonst unter dem tl;dr nur in ihrer Verknappung und Verkürzung kursieren. Statt der Komplexitätsreduktion der Welt des Internets, des „tl;dr" von Kleingedrucktem, setzen die Gründer von re:publica auf das genaue Hinsehen, Zuhören und die tiefgehende Auseinandersetzung. Ganz im Gegenteil zu der Bekannten, die das tldr auf ihrem Foto im „Vorbeisneaken" erhaschen konnte. Auf dem Bild zu sehen: Ältere Junge, also über dreißigjährige, langhaarige

Menschen in Jeans und T-Shirts, die im Schneidersitz auf dem Boden sitzen. Kinder sind auch dabei. Die stupsnasigen Kinder der Bekannten ebenfalls. Ein Lifestyle-Foto.

Was also sagt mir dieses geteilte Foto? Das Bild dieser Konferenz scheint mir paradigmatisch für die intuitiv gelebte Digitalität der Mittelschichtseltern: Sie haben studiert, oder sich zumindest lange gebildet, gehören eher der gesicherten Mitte an als der bedrohten, und setzen sich jetzt selbstverständlich mit den angesagten digitalen Themen auseinander, und wenn es in einem hippen Rahmen wie der re:publica möglich ist, dann erst recht. Gleichzeitig wollen sie gerade nicht, dass ihre Kinder Bildungsnachteile erleiden. Und so setzen sie auf Differenz im Verhalten zu jenen, die ihre Kinder digital verwahrlosen lassen, in dem sie sich aktiv mit der Digitalisierung beschäftigen – aber ganz klar auch zu denen, die zu strikt und negierend mit der Technik umgehen.

Die Konferenz re:publica, das Festival digitaler Kultur mitten in Berlin, möchte ich noch ein wenig näher beschreiben. Die Liste der Speaker ist prominent und paritätisch besetzt, was das Geschlecht betrifft. Die Besucher:innen sind sogar leicht überwiegend weiblich. Überhaupt zeigen die Impressionen der re:publica wie in jedem Jahr eine bunte, gesellschaftliche Mischung, wie sie sonst in Berlin an Hochschulen und Universitäten zu finden ist: Ein internationales Publikum der besser Gebildeten trifft auf die Köpfe der neuen digitalen Vordenker:innen. Die re:publica hat sich als anerkannter Schauplatz für den kritischen Dialog rund um eine digitale Gesellschaft etabliert, das ist auch an der Teilnahme von Prominenten wie Frank-Walter Steinmeier und Alexander Gerst abzulesen. Und doch zeigt sich nirgendwo sonst in diesen Tagen so deutlich, was soziale

Ungleichheit mit Digitalisierung zu tun hat: Dort wird über die Vor- und Nachteile, die Unwägbarkeiten und Dunkelkammern, die Sternstunden und Visionen einer digitalen Gesellschaft diskutiert, und 50 Meter entfernt, an der Potsdamer Straße etwa, oder in den Hochhaussiedlungen am Rand von Schöneberg und Kreuzberg, zocken die Kids dieser digitalen Gesellschaft ihre Spiele, schminken sich schön für Tinder, Insta und TikTok. Ihre Gesundheitsrisiken werden (noch) nicht besprochen auf der Convention.

Angst und technische Ermächtigung – Schwellenländer holen auf

Die digitale Verunsicherung rührt natürlich nicht nur von bewussten Sorgen her, wie viel Zeit die eigenen Kinder mit Gaming, Daddeln und Chatten verbringen sollten, sondern auch von einer ganz unbewussten Angst: Sie fußt auf der Verunsicherung der bildungsorientierten Gesellschaft im Ganzen (Bude 2014, S. 73 ff.). Für die Generationen, die seit dem zweiten Weltkrieg in Deutschland aufwuchsen, galt als sicher, dass es die eigenen Kinder später einmal besser haben würden als sie selbst, wenn sich diese Kinder nur genügend anstrengten, Fleiß und Ehrgeiz an den Tag legten und eifrig Bildungszertifikate sammeln würden. Die Digitalisierung rüttelt an diesem evolutionär anmutenden Selbstverständnis des Bildungserfolgs und seinem Wohlstandsversprechen. Da sind die Start-Up Unternehmen, deren Protagonisten binnen Minuten hundert Millionen Euro von Risikokapital mobilisieren, weil sie eine gute Idee verkaufen. Es sind die inflationär aufsteigenden Steve Jobs' und Bill Gates' unserer Zeit, die zeigen: Ich habe nichts Formales gelernt, ich saß nur sehr viel am Computer und hatte eine gute Idee – und mit der werde ich Millionär. Soziologen wie Heinz Bude und Andreas Reckwitz sprechen in diesem Zusammenhang von den „Winner-take-all"-Märkten, auf denen es um immaterielle Güter geht: "Die Standardmärkte werden mehr und mehr durch kulturelle Märkte abgelöst, auf denen die Güter darum konkurrieren, als singulär anerkannt zu werden" (Reckwitz 2017, S.147 ff.). Dort gibt es einige wenige, die erfolgreich sind, und die vielen, die es nicht schaffen. So kommt es, dass einige Plattform-Protagonisten plötzlich so viel verdienen wie ein Bank-Manager, oder dass der Berufswunsch „Influencerin" zu den Zukunftsträumen heutiger Grundschülerinnen gehört. Als You-Tuber/in braucht man keinen Bachelorabschluss, sondern lediglich eine neuartige, singuläre Performance. Und als Insta-Sternchen braucht man keine Ausbildung, sondern eine tadellose Figur, interessante Schminktipps und einen extravaganten Kleidungsgeschmack. Und natürlich weiß niemand, ob das endlos zockende Kind nicht eines Tages als E-Gamer eine Wahnsinnskarriere hinlegen wird. Es stellt sich vielmehr die Frage danach, welche Eigenschaften und Fertigkeiten wir an unsere Kinder weitergeben können, die ihnen mit einiger Wahrscheinlichkeit ein zufriedenes und erfülltes Leben versprechen. Die mit an Sicherheit grenzende Wahrscheinlichkeit eines Statusgewinns durch Bildungserfolg gibt es im begonnenen 21. Jahrhundert nicht mehr. Und genau hier trifft die Digitalisierung mit ihren unüberschaubaren Möglichkeiten auf die unbewusste Sorge der Endlichkeit des westlichen Wachstumsversprechens, nämlich dass unsere Kinder es später einmal nicht besser haben werden als wir – und wir nichts dagegen in der Hand haben (Bude 2014, S. 80 f.).

Es ist die Gleichzeitigkeit der Verunsicherung, mit der die wirtschaftliche Abhängigkeit vom Erfolg deutscher

Verbrennungsmotoren in der Welt einhergeht, die uns die Grenzen des Wohlstands spüren lässt. Mit der Klimabewegung und den „Fridays for Future"-Demonstrationen rückte zwischen dem Dürresommer 2018 und dem darauffolgenden, nicht weniger trockenen Sommer 2019 die ratlose Entscheidungsstarre der Wirtschaftsbosse in den Blick, auf die Bedürfnisse einer wachsenden Weltbevölkerung im Konsummodus zu reagieren. Tatsächlich erweist sich die deutsche Wirtschaft, die so brillant die Wirtschaftskrise von 2008 gemeistert hat, als zu wachstumsverwöhnt, um smarte und schnelle Lösungen in einer digitalen Welt entwickeln zu können. Die Digitalisierung hilft wiederum den Schwellenländern bei ihrer Emanzipation von den mächtigen Wirtschaftsnationen. Fragen zu meiner Website beantwortet etwa der indische IT-Spezialist, der für ein schmales Gehalt auf der anderen Seite der Erdkugel meine Probleme löst. Von dem verdienten Geld könnte in Indien vermutlich eine zwölfköpfige Familie leben. Die Digitalisierung ist in den Schwellen- und Entwicklungsländern eine Chance zur Überlebenssicherung und gleichermaßen die Möglichkeit, die Bildung der eigenen Kinder voranzubringen. Sie ist auf der anderen Seite der Weltkugel ein Versprechen, das die soziale Ungleichheit lindern kann. Digitale Möglichkeiten zur Weiterbildung, wie sie etwa die Internet-Universität für Geflüchtete namens „Kieron" anbietet, sind solche Chancen. Hier schafft die Digitalisierung Teilhabemöglichkeiten von marginalisierten Gruppen, und nichts weniger können wir uns wünschen.

Dennoch löst der Aufstieg der bevölkerungsstarken Schwellenländer und die damit verbundenen Kosten für den Planeten in Mitteleuropa Unbehagen aus. Denn nicht nur das Weltklima wird unter den gestiegenen Ansprüchen jener leiden, die bisher in bitterer Armut lebten. Wie oft wird in den Medien die chinesische Mittelschicht als Beispiel herangezogen, die plötzlich – als sei das ein Wunder zum Augenreiben, wirklich unerwartet, dass Menschen so etwas möchten! – auch ein Haus, ein Auto, eine Waschmaschine besitzen wollen. Die chinesischen Wünsche kreisen wie ein Damoklesschwert über unserem Planeten, wird uns weiß gemacht, gerade so, als seien wir europäischen Konsumenten nicht das größte Problem für die Erde. Das Unbehagen, das eigentlich hinter dem Aufstieg des Riesen Chinas steckt, rührt ganz woanders her. Denn auch unsere Kinder werden spüren, dass die Digitalisierung das wachstumsverwöhnte Europa in einen Wettbewerb schickt, den es Stand heute kaum gewinnen kann. Die Entwicklung, die Paul Collier für Sheffields Stahlindustrie nachzeichnet, wird noch weit größere Kreise in Europa ziehen (Collier 2018). Callcenter-Jobs werden in der Peripherie an Attraktivität gewinnen, denn dort werden mehr und mehr gut ausgebildete IT-Fachkräfte eingesetzt. Der softwarebasierte "Plattformkapitalismus" (Lobo 2014) mit seinen neu gewonnen Feldern für Abzocke und Betrug, aber auch Erleichterung und Outsourcing, wird zunehmend unsere Arbeitswelt und das Gesicht der Dienstleistungsgesellschaft revolutionieren. Das größte Potenzial weist der asiatische Markt mit seinen gigantischen Bevölkerungszahlen auf, aber auch Afrika und Südamerika können, wenn es die politische Situation zulässt, von der Digitalisierung wirtschaftlich profitieren (ebd.). Daneben sieht der alte Kontinent noch älter aus: Die Bevölkerung Europas altert und die Innovationskraft für neue Technologien liegt längst jenseits des Atlantiks. Sascha Lobo warnte schon früh davor, dass Deutschland mit seinem Ingenieursperfektionismus im Zeitalter des Plattformkapitalismus das Nachsehen haben werde, als Anschauungsbeispiel diente ihm die Abgasaffäre bei VW (Lobo 2016). Vier Jahre später sehen wir, dass die düstere Prognose wahr werden könnte und ein ganzer Industriezweig in die Misere katapultiert wird, weil der Konzern sich zu lange auf das Altbewährte verlassen hat. Innovationen, das haben wir gelernt, entstehen im Silicon Valley oder in China, nicht mehr in Deutschland. Und diese Entwicklung bereitet den Menschen hierzulande Sorge, derart, dass sie nicht mehr wissen, an welche Gewissheiten sie glauben sollen und welche Erfahrungen es wert sind, an die Kinder weitergegeben zu werden. Weisheiten, die vor zehn Jahren als gesetzt galten – etwa, dass YouTube-Videos-gucken unseren Kindern schadet – gelten plötzlich nicht mehr. Wir Erwachsenen mussten anhand von Rezos YouTube-Video über die "Zerstörung der CDU" lernen, dass uns die Kids auf einem unbeachteten Nebengleis in Sachen politischer Bildung überholen. So genannte Computernerds, die stundenlang Online-Spiele bestreiten, streichen heute Millionengewinne ein, weil sie über Plattformen tausendfach geliked werden, und Gaming, das früher abschätzig Zocken genannt wurde, wird in E-Sports umgetauft und hat heute das Potenzial, ganze Stadien zu füllen. Könnte da einer, der seinem Kind das Gaming verbietet, ihm nicht sogar die Zukunft verbauen?

Dieser Gedanke ist deshalb so wichtig, weil er uns vor Augen führt, in was für einer Zeit wir leben und mit wie viel Unsicherheit unsere Entscheidungen rund um die Fragen der Erziehung konfrontiert sind. Es sind gerade die unbewussten Ängste, die in einer Gesellschaft grassieren, die unser Handeln beeinflussen. Denn wir bemerken sie nicht. Wir fragen uns vielleicht, warum uns das schlechte Gewissen plagt, wenn das Kind so lange hinter dem Bildschirm verschwunden war, oder auch, warum uns der Anblick vom zockenden Kind verstört. Oder auch: stolz macht. Was wir uns bewusst machen können, ist: Das Bildschirmgerät in der Hand eines Kindes löst in uns verschiedene Reaktionen aus, die zusammengenommen in übertriebene Handlungen münden können – etwa, wenn wir dem Kind das Gerät aus der Hand reißen möchten, weil es unserer Meinung nach zu viel Zeit am Bildschirm verbracht hat. Dann ist der Motor in erster Linie die Angst, dass das Kind Schaden nehmen könnte, etwa ein Suchtverhalten entwickeln könnte oder eine Aufmerksamkeitsstörung. Vielleicht haben Sie auch gerade einen Artikel über die globale Abhängigkeit von HighTech-Firmen gelesen und sehen in dem Gerät plötzlich das ganze Übel unserer ausbeuterischen, kapitalistischen Welt und den Fetisch, der in den Händen Ihres Kindes nichts verloren hat. In allen Fällen ist der Wunsch verständlich, dem Kind das elektronische Gerät zu entwenden. Zielführend ist das sicherlich nicht, aber wenn man sich bewusst macht, woher übertriebene Handlungen kommen, können wir sie besser steuern. Oder, auch das wäre eine übertriebene Haltung, Sie lassen ihr Kind deshalb stundenlang mit dem Gerät allein, weil Sie gehört haben, dass Programmiersprachen besser erlernt werden können, wenn Kinder möglichst früh selbständig mit Bildschirmmedien hantieren. Vielleicht handhaben Sie es wie der mir bekannte Vater: Die Zukunft gehört den E-Sports, also darf mein Kind zocken, bis es umfällt. Auch dann treibt einen unbewusst der globale Umbruch an, nämlich die Gewissheit, dass sich die Regeln bei der Suche nach einem Platz in der Welt gerade radikal ändern.

2

Die Alltagsprobleme: Chancen und Risiken

Die überzogene Dauer der Mediennutzung ist für Experten, Psychiater:innen und Kindheitsforscher:innen, ein ernstzunehmendes Warnsignal für die kindliche Entwicklung. Aus den USA ist diese überzogene Dauernutzung digitaler Medien schon länger bekannt. Studien und Literatur über den (Bildschirm-)Medienkonsum bei Kindern kamen deshalb lange Zeit voranging aus den USA und alarmierten mit Werten, die auf eine intensive Bildschirmnutzung von US-Kindern hinwiesen (Rideout et al. 2010, S. 11). Die Erkenntnis des Jahrzehnts lautete: Offenbar haben die digitalen Medien das gute alte Fernsehen nicht verdrängt, sondern noch zusätzliche Bildschirmzeiten geschaffen, die zum Fernsehen noch hinzukommen (Levin et al. 2014, S. 4). Bereits ältere amerikanische Daten – noch aus dem Jahr 2011 – zeigten, dass Kinder im Kindergartenalter mindestens 2,2 Stunden täglich am Bildschirm verbrachten, es gibt aber auch

© Der/die Herausgeber bzw. der/die Autor(en), exklusiv lizenziert durch **45** Springer-Verlag GmbH, DE, ein Teil von Springer Nature 2020
I. Haese, *Smartphonekids,* https://doi.org/10.1007/978-3-662-61802-8_2

Zahlen, die mit 4,5 Stunden (!) täglicher Bildschirmzeit rechneten (ebd.). Wenn wir davon ausgehen, dass Europa den amerikanischen Trend erst rund zehn Jahre später nachholt, dann stehen wir heute erst am Anfang der Alltagsprobleme, die sich aus der Mediennutzung unserer Kinder ergeben. Deshalb sollten wir aber auch jetzt schon Lösungen suchen und versuchen, es erst gar nicht so weit kommen zu lassen.

Die Kinder- und Jugendärzte sind sich einig: Übermäßiger Medienkonsum gefährdet die Gesundheit von Kindern und Jugendlichen enorm. Jede Minute, die ein Kind am Bildschirm verbringt, ist eine Minute, in der es nicht mit anderen Kindern spielt, sich nicht auslebt, tobt, all seine Sinne nutzen kann und in der sich damit sein Gehirn nicht optimal entwickeln kann. Wir haben oben gesehen, dass Neurowissenschaftler:innen wie Manfred Spitzer auf die wichtigen frühkindlichen Jahre der Gehirnentwicklung hinweisen, in der sich die neuronalen Verknüpfungen am schnellsten ausprägen. Werden bestimmte Synapsen nicht mehr benötigt, so verkümmern sie, während andere sich stärker ausprägen. Spitzer vergleicht das Synapsentraining mit Muskeltraining: „Die Synapsen werden dicker, wenn sie beansprucht werden; und sie verkümmern und sterben schließlich ab, wenn sie nicht genutzt werden." (vgl. Spitzer 2012, S. 48). Die Gewohnheiten im frühen Kindesalter haben eine prägende Aufgabe, denn sie stellen die Weichen für die Gewohnheiten des späteren Erwachsenen. So wird eine Verbindung zwischen der tatsächlichen Bildschirmnutzung in frühsten Kindesjahren und der damit ausgeprägten Gewohnheit und dem Grad des Protestes gegen das „Abschalten" des Bildschirms bei Sechsjährigen attestiert (Christakis und Zimmermann 2006, S. 63). Das bedeutet im Klartext: Je früher und je länger der Konsum von Bildschirmmedien eingeübt wurde, desto schwieriger wird es für die Kinder im Laufe ihrer Entwicklung, den Abschaltzeitpunkt zu akzeptieren und desto größer fällt ihr Protest dagegen aus. Und so ist es wenig überraschend, dass die 2017 veröffentlichte BLIKK-Studie für Deutschland warnt:

> „Die Zahlen internetabhängiger Jugendlicher und junger Erwachsener steigen rasant – mittlerweile gehen Experten von etwa 600 000 Internetabhängigen und 2,5 Mio. problematischen Nutzern in Deutschland aus. Mit der heute vorgestellten BLIKK-Medienstudie werden nun auch die gesundheitlichen Risiken übermäßigen Medienkonsums für Kinder immer deutlicher. Sie reichen von Fütter- und Einschlafstörungen bei Babys über Sprachentwicklungsstörungen bei Kleinkindern bis zu Konzentrationsstörungen im Grundschulalter. Wenn der Medienkonsum bei Kind oder Eltern auffallend hoch ist, stellen Kinder- und Jugendärzte weit überdurchschnittlich entsprechende Auffälligkeiten fest." (Blikk-Studie 2017)

Für die Studie haben Kinder- und Jugendärzte 5500 Kinder, Jugendliche und deren Eltern deutschlandweit befragt. Kinderärzte und Medienökonomen warnen hier vor den Folgen der (früh-)kindlichen Mediennutzung, etwa der Kölner Medizinökonomie-Professor Rainer Riedel, der die BLIKK-Studie vorstellte. Erschreckend sind besonders die Zahlen über Kita-Kinder: 70 % der Kinder unter sechs Jahren nutzen das Smartphone ihrer Eltern mehr als eine halbe Stunde täglich und davon 90 % unbeaufsichtigt. Die Drogenbeauftragte der Bundesregierung forderte wörtlich mehr digitale Fürsorge ein, um die gravierende Zunahme von Bildschirmzeiten bei Kindern und Jugendlichen sowie die wachsende Zahl von Internetsüchtigen zu bremsen. In einem sind sich alle Experten einig: Dauerhaftes, unbegrenztes Daddeln kann unserer Gesundheit nachhaltigen Schaden zufügen. Und natürlich zählt die am Smartphone verbrachte Zeit „zwischendurch" für unser Gehirn genauso als Bildschirmzeit wie das bewusste Konsumieren von Serien, Sendungen oder elektronischen Spielen. Lassen wir die Kinder mit unseren Handys oder Tablets im Laufe des Tages spielen, dann müsste im Ideal-fall die abendliche Sandmännchen-Zeit verkürzt werden oder die Folge von „Mia and Me" ausfallen. Jeder weiß, dass die so heraufbeschworenen Tränen diese Erkennt-nis nicht aufwiegen – nichts ist schöner als das abend-liche Ritual, die Lieblingssendung zu schauen. Aber auch hier gilt: Machen wir uns diese Erkenntnis bewusst. Wir können im Kopf überschlagen, wie lang die Spieldauer am Tag ungefähr war, um abzusehen, ob es am Abend bei der vereinbarten einen Folge bleiben muss oder ob wir ein Auge zudrücken können und wirklich noch eine zweite Kindersendung drin ist.

Wenn die Arbeitsbelastung der Eltern parallel zur digitalen Herausforderung steigt

Unser eigenes Medienverhalten ist oft den modernen Arbeitsbedingungen geschuldet. Wir müssen für das Kollegen-Team erreichbar sein, wollen informiert sein oder haben abends noch Emails zu bearbeiten. Und da stehen ausgerechnet Mütter in einer Zeit des Arbeitskräftemangels extrem unter Druck: Das Weltwirtschaftsforum etwa mahnt, die brachliegenden Ressourcen von Frauen – das vielbeschworene Humankapital – müssten erschlossen und entwickelt werden, um Gewinne in Billionen-Dollar-Höhe zu ermöglichen. Und daher sei es ein *„ökonomisches Gebot"*, die Geschlechterkluft zu schließen. So jedenfalls argumentiert die wirtschaftliche und politische Elite auf dem Weltwirtschaftsforum 2018, um die Ungleichheit zwischen den Geschlechtern zu bekämpfen (Berliner Zeitung 2018). Dass Mütter hierzulande immer noch den Großteil der Haus- und Erziehungsarbeit bewältigen müssen, oftmals Niedriglöhne verdienen und beinahe ausschließlich sie es sind, die das Risiko tragen, alleinerziehend und arm zu werden – das sind Realitäten, die quer zu der rasanten technischen Entwicklung liegen und die den Kindern am allermeisten schaden. Denn wo Mütter arbeiten, bleibt im seltenen Fall der Vater zu Hause. Oft steht die ganze Familie enorm unter Druck, Kindererziehung, Hausarbeit und Erwerbsarbeit gleichzeitig zu leisten, und es bleibt wenig Zeit für Eltern, um sich mit den Konsequenzen der Mediennutzung ihrer Kinder zu beschäftigen. Autorinnen, die über die (Un-)Vereinbarkeit von Familie und Beruf forschen, sehen im politisch gehypten Mainstream-Feminismus gar einen neoliberalen Diskurs, der dem flexibilisierten und digitalen Kapitalismus letztendlich in die Hände spielt. Der Preis ist die Dreifachbelastung von Frauen, von denen erwartet wird, dass sie nunmehr alles zur gleichen Zeit bewältigen, Kinder gebären, erziehen, arbeiten und Hausarbeit erledigen (Lenz et al. 2017). Interessant dazu ist die Überlegung zur Konstruktion von Subjekten der Vereinbarkeit, denen im Falle des Scheiterns die Unfähigkeit zugeschrieben wird, den Herausforderungen gewachsen zu sein, nach dem Motto: Ist deine Belastung zu groß, dann bist du selbst zu schwach (Thon 2015). Oder zu unorganisiert. Auf jeden Fall haben wir den Eindruck, das Individuum trage selbst die Schuld am Scheitern und nicht die gestiegene Flexibilisierung unserer Lebenszusammenhänge oder das abverlangte Arbeitspensum. Denn wir leben in einer Zeit, in der die Arbeitsdichte und -intensität stark zugenommen hat. Der Deutsche Gewerkschaftsbund überschrieb seinen Report im Dezember 2019 mit dem Titel „Arbeiten am Limit" und widmet ihn der Überlastung in der Arbeitswelt. So gaben laut einer Umfrage nach dem DGB-Index „Gute Arbeit" 53 % der Arbeitenden an, sich häufig oder sehr häufig bei der Arbeit gehetzt zu fühlen (publik 1/2020: 4). Nicht selten werden Eltern von den dreifachen Anforderungen in den Burn-Out getrieben, was die stark gestiegene Nachfrage nach Eltern-Kind-Kuren erklärt (FAZ vom 21.1.2017). Allein in den Jahren von 2012 bis 2014 ist die Zahl der beantragten Kuren von 144.000 auf 158.000 gestiegen, wie der wissenschaftliche Dienst des Deutschen Bundestages mitteilte (Deutscher Bundestag 2016). Das Ärzteblatt berichtet, dass 87 % der Mütter und 70 % der Väter, die 2016 eine Kur machten, an Burn-Out und „totaler Erschöpfung" litten (Ärzteblatt 2017). Und das Müttergenesungswerk geht von 2 Mio. (!) kurbedürftigen Eltern im Jahr 2017 aus (Müttergenesungswerk 2017). Dass Eltern(-teile) unter solchen Umständen wenig bis gar keine Kraft mehr aufbringen können, um den (Online-)Medienkonsum ihrer Kinder zu begleiten, erscheint eine logische Folge. So ist das grenzenlose Überlassen der Elternsmartphones an den spielwilligen Nachwuchs auch eine Folge der Unvereinbarkeit von Familie und Beruf in flexibilisierten, kapitalistischen Gesellschaften. Der beruflich getaktete Familienalltag lässt die vermeintliche Entspannung vor dem Bildschirmmedium wie eine willkommene Entlastung für alle erscheinen. In Folge des Corona-Shutdowns im März 2020 dürfte sich diese Einschätzung noch verschärfen: Zahlreiche ins Home-Office getriebene Eltern wissen sich gar nicht anders zu helfen, als ihre eingesperrten Sprösslinge mit digitalen Geräten zu beruhigen, denn jetzt dürfen weder die Kita, noch Freund:innen oder Oma und Opa mit ihrem ganz normalen Offline-Programm aus einkaufen, kochen, basteln und werkeln die Kinder beschäftigen.

Eine weitreichende Konsequenz für Kinder und Eltern hat auch ohne Ausnahmezustand die Auslagerung der Sorge- und Familienarbeit im europäischen Kontext. Und zwar nicht so sehr für die meist west- bis nordeuropäischen Familien, die die Dienste der günstigen Arbeitskraft etwa von polnischen Altenpflegerinnen oder ukrainischen Putzfrauen in Anspruch nehmen, sondern für die Familien in südosteuropäischen EU-Ländern und der Ukraine. Dort ist bereits die digitale Familie ohne körperliche Beziehung Alltag. Ganze Dörfer in Rumänien, Bulgarien oder der Ukraine müssen ohne die Generation der arbeitsfähigen Erwachsenen auskommen, da diese in Deutschland, Italien, England oder Spanien oft monatelang schuften, ohne ihre Kinder zu sehen (Haese 2012, S. 220). Wer Glück hat, kann seinen Sprösslingen liebevolle Großeltern zur Seite stellen oder eine reiseunwillige Tante. Wer das nicht kann, überlässt seine Kinder der Selbstverantwortung und damit den digitalen Medien. Das smarte Endgerät übernimmt plötzlich weit mehr als nur die Kommunikation mit den Eltern zu gewährleisten. Es ist gleichzeitig Babysitter, Lernhilfe, Freund. Es ist die Verbindung zur Außenwelt, ohne die das Kind allein gelassen ist. Hier wird das digitale Gerät zum Segen, aber ohne seinem Fluch zu entkommen: Viel zu früh werden diese Kinder mit überfordernden Medieninhalten konfrontiert und sind mit ihren Erfahrungen allein. Eine ganze Generation von Kindern wächst in diesen Ländern zudem mit einer beinahe ausschließlich digitalen Beziehung zu ihren Eltern heran. Diese neue Praxis wird auch „Skype Mothering" genannt (Lutz und Palenga-Möllenbeck 2012) und ist der globalen ökonomischen Ungleichheit geschuldet: Philippinische und mexikanische Arbeitsmigrantinnen schuften (oft schwarz) in Nordamerika, Polinnen in Schweden oder in Deutschland. Die Konsequenzen des Aufwachsens am Ende von globalen Betreuungsketten, den so genannten „global care chains", werden wir spätestens dann erleben, wenn diese Kinder selbst Familien gründen sollen und Fürsorge übernehmen müssen. Ihre fürsorglichen Eltern werden diese Erwachsenen dann nur per Bildschirm und Geldüberweisung kennen. Welche emotional-sozialen Folgen ein solches Aufwachsen haben wird, können wir noch gar nicht überblicken. Fest steht aber, dass für die zurückgelassenen Kinder, die am Ende solcher Betreuungsketten stehen, paradoxerweise die finanzielle Sicherheit mit einer emotionalen Verunsicherung einhergeht – ausgelöst durch die physische Abwesenheit der Mutter oder beider Elternteile (Dahl und Spanger 2010, S. 120). Digitale Fürsorge bedeutet für sie etwas gänzlich anderes als für Kinder im globalen Norden. Aber "Skype Mothering" weist auch auf die positive Seite der technischen Entwicklung hin: Immerhin ermöglichen Smartphones einen intensiven Kontakt zwischen den Eltern und ihren Kindern, trotz der räumlichen Distanz zwischen ihnen!

Die visuelle Kompetenz

Für die Tablet-Liebhaber:innen unter uns gibt es zum Glück auch gute Nachrichten, die durch Forschungen belegt werden. Denn bei Kindern, die mit digitalen Medien aufwachsen, bildet sich auch die so genannte „visuelle Intelligenz" stärker aus, die positiv zu bewerten ist. Das Beispiel mag befremdlich klingen, aber eine US-Studie ergab, dass Video-Spieler:innen bessere Fähigkeiten zur Durchführung von Magen- und Darmspiegelungen aufweisen als solche Ärzte, die keine Videospiele beherrschen (Greenfield 2009). Die Fähigkeit, vom Auge ausgehend akkurate Handlungen ausführen zu können, wird „visuelle Intelligenz" genannt. Nachforschungen der University of California zeigen, dass die visuelle Intelligenz in den letzten Jahren stark zugenommen hat. Heutigen Studenten attestiert Psychologin Greenfield „more visual literacy and less print literacy". Gemessen an den vielfältig neu entstandenen, auf visueller Kompetenz basierenden Berufen ist diese Diagnose also nicht als Hiobsbotschaft zu verstehen: Nicht nur in der Medizintechnik, auch in sämtlichen Branchen der Fertigung ist heutzutage visuelle Kompetenz, etwa für die Steuerung von Robotern, gefragt. Sogar in der Landwirtschaft kommen Arbeitende nicht mehr ohne visuelle Kompetenz aus, da die Erntefahrzeuge oder sonstige Landmaschinen wie Feldhäcksler nur noch digital und vernetzt arbeiten (Süddeutsche Zeitung 2019).

Problematischer ist eher, dass Greenfield parallel zur steigenden visuellen Intelligenz eine starke Abnahme des Freizeitlesens in den letzten Jahrzehnten bei Jugendlichen diagnostiziert. In der Folge gehen wichtige Fähigkeiten verloren, denn durch das Lesen werden Gehirnareale angesprochen, die die Phantasie und die Kreativität ausbilden. „Studies show that reading develops imagination, induction, reflection and critical thinking", so Greenfield. Welche positiven Effekte das Lesen und besonders das Vorlesen für die Kreativität, Vorstellungskraft und Konzentrationsfähigkeit von Kindern haben, ist schon lange bekannt und unumstritten (vgl. Hurrelmann und Timm 2015). Besorgniserregend ist allerdings, dass die Fähigkeit zu kritischem Denken in dem Maße abnimmt, in dem die Lesekompetenz schwindet. Für eine positive gesellschaftliche Entwicklung ist es also unerlässlich, parallel zur visuellen Kompetenzentwicklung der Kinder die literarische Kompetenzentwicklung im Blick zu behalten. Hier versucht die digitale Leseförderung anzusetzen, die inzwischen an Schulen erprobt wurde, um das Lesenlernen im Grundschulalter digital zu unterstützen. So soll z. B. die Leseplattform „Antolin" der Westermann-Verlagsgruppe Kinder dazu motivieren, mehr zu lesen, indem das Kind Fragen über einen gelesenen Text am Computer oder Tablet beantworten kann. Die Lust des Kindes auf das digitale Medium soll dazu verwendet werden, den Spaß am Lesen zu fördern, indem das Kind einen Multiple-Choice-Fragebogen zum gelesenen Text beantwortet. Die Auswertung wiederum kann die Lehrkraft einsehen und so in den Unterricht einbeziehen. Dieses

Verfahren ist nicht unumstritten, weil Manipulationen durch die Eltern möglich sind – und außerdem nicht die intrinsische Lesemotivation der Kinder gefördert wird, wie Pädagogen bemängeln (Viertel et al. 2017). Dennoch weiß jeder, der Kinder hat, wie motivierend eine solche Nutzung des Computers auf die Kinder wirkt, wenn sie tatsächlich partnerschaftlich und in ermutigendem Dialog mit dem Kind praktiziert wird. Ein Verstärker für die Nutzung solcher digitalen Lernplattformen, der nun auch den letzten Digitalmuffel erreicht, ist der Corona-Lockdown im März 2020. Die Lehrerin meiner Tochter hat es geschafft, allen Schüler:innen rechtzeitig zur krisenbedingten Schulschließung noch ein Antolin-Konto einzurichten. Meine Tochter, Zweitklässlerin, hat sofort zwei Bücher verschlungen, damit sie online alle Fragen zu den Texten beantworten kann. Das Programm hatte einen erstaunlichen Leseanreiz bei ihr geschaffen. Unser Fazit zur Lernplattform Antolin ist durchweg positiv: Wir sitzen gemeinsam am PC und meine Tochter gibt ihre Login-Daten und die Antworten ganz alleine ein. Ich bin nur noch gefragt, wenn der Cursor versehentlich abgerutscht ist. Aber so geht digitale Fürsorge: Da sein, wenn Hilfe erwünscht ist und ansprechbar sein, wenn Fragen entstehen.

Auch Onlinespielen werden entwicklungspsychologische Vorteile eingeräumt. Die Psychologin Christiane Eichenberg unterstreicht die Chancen, die mit dem digitalen Spiel einhergehen. Sie findet, dass Kinder und Jugendliche sich in den Spielen bilden können, da sie sich Ausschnitte aus einer gewachsenen, realen Kultur aneignen können und damit ihren Realitätssinn schulen und sogar eine bessere Impulskontrolle lernen können (Auersperg und Eichenberg 2018, S. 59 ff.). Chancen sieht sie besonders in den so genannten „Serious Games", also Lern- und Lehrinhalte, die durch Spiele vermittelt werden. So können gesundheitliche Lernaspekte oder Themenbereiche wie

Politik, Kultur oder soziale Kompetenzen behandelt werden, genannte Serious Games sind Aquamorra, Archiraum, Playbrush oder das psychotherapeutische Spiel "Camp Cope-A-Lot" (ebd.).

Meine eigene Beobachtung zeigt, dass Bildschirmmedien mit ihren zahlreichen Möglichkeiten die Kreativität von Kindern durchaus anregen können. Wer sich gute Apps auf Smartphone oder Tablet lädt, kann die Phantasie spielen lassen, das geht vom "Stopmotion Studio" bis zum "Opera-Maker", wo Kinder eigene Opernarien einsingen können. Aber ich habe erlebt, dass eher ganz einfache Ideen unerwartete Begeisterungsstürme und Beschäftigungsspiralen auslösen können. So war es mit der „Rückwärts-App", die meine Kinder stundenlang faszinierte und zu den tollsten Zaubertricks animierte. Die App funktioniert so: Man macht einen Film, spielt ihn mit der App ab und sieht den Film vom Ende her zum Anfang laufen. Also ging es darum, die besten Effekte zu erzielen: Erst filmte meine Tochter meinen Sohn, wie er eine Kugel immer wieder ablegte, die in der Rückwärtsversion magisch in seine Hand zu fallen schien. Davon begeistert, rannten die beiden los, um Gegenstände zu suchen, die besonders gut für die Rückwärtsversion geeignet sind: Hundert Legosteine, die vom Boden in die Hand fliegen; ein Glas Wasser, das wieder ins Glas schwappt. Abgesehen von der analogen Schweinerei war ich von der Rolle des Tablets als Kreativitätsgenerator ziemlich fasziniert.

Der schale Geschmack bleibt... Über Risiken und Nebenwirkungen

Der schale Geschmack, mit dem die rasanten Veränderungen einhergehen, bleibt also bestehen: Wer weiß heute schon, ob die Studien von 2014 oder 2016 aussagekräftig bleiben?

Wer kann wirklich Langzeitfolgen abschätzen, die verstärkter Bildschirmmediengebrauch in der Kindheit verursacht? Die Technik ist schlicht zu jung, um wissenschaftlichen Diskursen eine uneingeschränkte Gültigkeit zuzusprechen. Aber wenn sogar Apple-Aktionäre fordern, der Konzern solle die Ausgaben gegen die Smartphone-Sucht bei Kindern erhöhen (FAZ vom 8.1.2018), dann schrillen auch bei technikaffinen Menschen die Alarmglocken. Apple reagierte prompt und führte Ende 2018 die Einschränkungssoftware per Update ein. Offenbar besteht das Risiko, süchtig nach einem mobilen Kommunikationsgerät zu werden, gerade wenn wir früh mit ihm in Berührung kommen. Das Universitätsklinikum Tübingen bietet seit 2017 eine Online-Anlaufstelle für Internetsüchtige unter www.erstehilfe-internetsucht.de an, die vom Bundesministerium für Gesundheit gefördert wird. Für Jugendliche gibt es zudem die Internetseite www.ins-netz-gehen.de, die über ein maßvolles Internetverhalten aufklärt und einen Selbsttest anbietet, ob Internetsucht(-gefährdung) vorliegt.

Die Gefahr, die von Smartphones und Tablets neben ihren Chancen für unsere Kinder ausgeht, wird zunehmend ein Thema für Politik und Gesellschaft. Digitale Fürsorge bedeutet also, einen aufgeklärten und informierten Weg einzuschlagen, der unseren Kindern zwar einen Einblick in die Welt der Bildschirmmedien erlaubt, dieser aber wohldosiert von uns Eltern oder Bezugspersonen begleitet wird. Die digitale Fürsorge, die wir unseren Kindern entgegenbringen, ist ein wichtiger Baustein zur Suchtprophylaxe für jedes Kind. Das gilt übrigens für Mädchen und Jungen gleichermaßen, denen lediglich unterschiedliche Nutzungsgewohnheiten attestiert werden: Während bei Jungen eher der Hang zum „Zocken“, dem so genannten Gaming, festgestellt wird, tummeln sich Mädchen mehrheitlich in sozialen Medien und Netzwerken. Eine US-Studie unter acht- bis zwölfjährigen Mädchen hat ergeben, dass diese durchschnittlich 6,9 (!) Stunden täglich mit digitalen Medien verbrachten (Spitzer 2012, S. 114) – und die Zahlen für deutsche Jugendliche haben sich inzwischen angeglichen. Denn auch für Deutschland werden solche Zahlen erhoben, und Mädchen zwischen zwölf und 19 Jahren verbringen knapp sechs Stunden am Bildschirm, Jungen sogar sechs Stunden und vierzig Minuten (JIM-Studie 2017). Ab einem Alter von zwölf Jahren wird auch die Zeit gemessen, die Jugendliche mit Online-kommunikation verbringen: Mädchen verbringen beinahe die Hälfte ihrer digitalen Freizeit mit Kommunikation. Bei den Jungs ist es nur ein Drittel ihrer Onlinezeit. Dafür verbringt das männliche Geschlecht unter den Jugend-lichen ein sattes Drittel mit Spielen, Videos und Musik im Netz zu, während diese Beschäftigung nur 9 % des Zeitkontingentes unter den Mädchen ausmacht. Immer-hin schon 58 Minuten täglich verbringen die Sechs- bis 13-jährigen Jungen vor der Konsole, während Mädchen in diesem Alter nur auf 36 Minuten Spielzeit kommen (JIM-Studie 2017). So laufen Jungen stärker Gefahr, in eine Onlinespielsucht abzudriften, und Mädchen sind eher gefährdet, abhängig von der Dauernutzung sozialer Medien zu werden. Mädchen sind laut Studie der Bundeszentrale für gesundheitliche Aufklärung dabei häufiger von Sucht betroffen als Jungen. Die 2017 veröffentlichten Zahlen basieren auf einer Umfrage von 2015 und lassen die BzgA deutliche Worte finden: Die Zahl der internetsüchtigen Jugendlichen habe sich von 2011 bis 2015 beinah ver-doppelt (!) und lag bei rund 300.000 Jugendlichen (Orth 2017). Nimmt man die BLIKK-Jugendstudie von 2017 hinzu, so steigt die Zahl mit 600.000 Jugendlichen und jungen Erwachsenen noch weiter an.

Experten nennen Internetsucht „Internet- und Computerspielbezogene Störungen", und davon waren 2015 in Deutschland immerhin 7,1 % der Mädchen und 4,5 % der Jungen betroffen. Manfred Spitzer veröffentlichte bedenkliche Zahlen aus Südkorea, dem Land mit der höchsten Smartphonerate pro Kopf, nach denen knapp 20 % der Jugendlichen schon im Jahr 2012 als smartphonesüchtig galten (Spitzer 2015: 113). Allerdings sind solche Daten zur Smartphonesucht, wie sie auch der JIM-Studie zugrunde liegen, mit Vorsicht zu genießen: Die Fragen aus der verwendeten „Compulsive Internet Use Scale" (CIUS) setzen ein hohes Maß an Selbstwahrnehmung und Achtsamkeit voraus, um sie überhaupt beantworten zu können. Es handelt sich um 14 Fragen zum Kontrollverlust (man verbringt mehr Zeit im Internet als beabsichtigt oder versucht erfolglos, das Internet weniger zu nutzen), starker Eingenommenheit (man beschäftigt sich gedanklich stark mit dem Internet oder zieht die Internetnutzung anderen Dingen vor), Entzugssymptomen (man fühlt sich unruhig oder gereizt, wenn man das Internet nicht nutzen kann), um die Internetnutzung zur Verbesserung der Stimmung und um Konflikte, die durch die Internetnutzung mit Anderen, mit sich selbst oder mit eigenen Aufgaben entstehen (Orth 2017: 17). Besonders bei Jugendlichen sind hier große Verzerrungseffekte möglich. Erstens spielt die soziale Erwünschtheit eine stärkere Rolle als bei Erwachsenen – d. h., die Antwort bezieht sich eher auf das, was andere vermeintlich lieber hören wollen oder wie man sich selbst gerne gibt, statt auf das tatsächliche Empfinden und Denken. Zweitens ist die Verzerrung durch anwesende Personen während eines Telefoninterviews (auf solchen basiert etwa die JIM-Studie) ebenfalls stärker. So ist anzunehmen, dass Jugendliche ihre Smartphonezeit geringer einschätzen, als sie tatsächlich ist, wenn die Erziehungsberechtigten zuhören, oder die Einschätzung von Entzugserscheinungen wird schwächer ausfallen, wenn der beste Kumpel daneben sitzt. Und so ist es wahrscheinlich, dass eine weitaus höhere Zahl an Jugendlichen gefährdet ist, ein Suchtverhalten zu entwickeln, aber auf CIUS-Fragen eher zurückhaltend reagiert. Hier ist eine Fehlerquote zu berücksichtigen, die durch eine verzerrte subjektive Wahrnehmung der Jugendlichen oder durch die besagte soziale Erwünschtheit entsteht. Die oben genannten Warnungen, die aus der BLIKK-Studie hervorgehen, scheinen also durch das methodische Vorgehen empirisch gehaltvoller zu sein: Dort haben die Kinder- und Jugendärzte ihre eigenen Beobachtungen plus die Antworten der Eltern plus die Antworten der Kinder und Jugendlichen als Grundlage zur Einschätzung von Smartphone- und Internetsucht.

Ein weiteres Risiko, dem unsere Kinder durch exzessive Smartphone-Nutzung ausgesetzt werden, ist die Veränderung der Augen und das Entstehen von Kurzsichtigkeit. Neuere Daten aus Südkorea, wo eine flächendeckende Smartphone-Quote unter Kindern und Jugendlichen herrscht, kommt auf eine Verdoppelung der Fälle von Kurzsichtigkeit: „In Hongkong, Shanghai oder Seoul findet man unter den jungen Erwachsenen praktisch keine gesunden Augen mehr, über 95 % der Bevölkerung sind dort betroffen" (ZEIT-Online vom 30.5.2018). Problematisch daran ist nicht, dass die vielen jungen Menschen Brillen benötigen und die Nachfrage nach Augenärzten ins Unermessliche steigt, sondern die Folgeerkrankungen einer als Krankheit eingestuften Myopie, wie die Diagnose Kurzsichtigkeit genannt wird. Langfristig drohen kurzsichtigen Menschen nämlich schwere Augenleiden und -schäden bis hin zur Erblindung, bekannt ist im Alltag etwa der graue Star. Die Konsequenzen einer dauerhaften Displaynutzung im Kindesalter können also fatal sein: Der Augapfel befindet sich im Wachstum und entwickelt sich bei einer langanhaltenden Nahsicht zu weit nach hinten – er wird größer als vorgesehen. Allerdings weist ZEIT-Online daraufhin, dass erstens auch das

Bücherlesen das atypische Augapfelwachstum und damit Kurzsichtigkeit befördert, und zweitens müsse auch ein Mangel an Tageslicht vorliegen, um diese Fehlbildung zu verursachen. Kein Wunder, dass asiatische Jugendliche so oft betroffen sind: Ihr Lern- und Lesepensum, das höchstwahrscheinlich nicht unter freiem Himmel bewältigt wird, ist für unbarmherzige Anforderungen genauso bekannt wie für eine schier unermessliche Fülle.

Risiko Netzwelt: Onlineplattformen und "Grooming"

Es gibt noch eine weitere Dimension in der Verteilung digitaler Risiken. Sie betrifft die Verletzlichkeit von Kindern im Netz und den Missbrauch von Bildern und Videos von Kindern, die auf Plattformen geteilt werden. Im Februar 2019 veröffentlichte der Blogger Matt Watson über die Videopattform YouTube, dass auf dieser Plattform harmlose Videos von Kindern in Badeanzügen oder beim Eisessen von bestimmten Nutzergruppen mit sexualisierten Kommentaren versehen und innerhalb einer Pädophilencommunity geteilt werden (SPIEGEL Online vom 21.2.2019). Sein Punkt war, dass die großen Firmen, die auf YouTube werben, mit der Sexualisierung von Kinderdarstellungen Geld verdienen, und die Evidenz seiner Behauptung wurde durch die umgehenden Reaktionen der Konzerne wie Nestlé und Disney bestätigt. Diese beendeten ihre Werbemaßnahmen auf YouTube laut SPIEGEL umgehend. Watson fand aber auch heraus, wie erschreckend schnell sogar ungeübte Internetnutzer:innen über die Plattform YouTube Zugang zu dieser Community finden können: Der YouTube-Algorithmus erleichtert den Nutzer:innen offenbar, in Kontakt zueinander zu treten und ihre Kommentare untereinander zu vernetzen. Der Zeitpunkt, zu dem Watson die unfreiwillige Ausbeutung von Kindern durch das Internet ans Licht brachte, zeigt auch, wie lange solche Praktiken unbemerkt und sogar lohnend in der Netzwelt vorherrschen konnten, ohne irgendjemanden zu beunruhigen (wobei es schon länger Kritik unter #WakeupYoutube gab).

Der öffentliche Marktplatz YouTube ist genauso öffentlich wie Instagram oder TikTok, wie WhatsApp und Snapchat. Vielen Nutzer:innen ist nicht bewusst, welche Gefahren auf dem virtuellen, öffentlichen Marktplatz lauern, obwohl sie ihre mit Badezeug gekleideten Kinder sicherlich niemals einer Menge unbekannter Zuschauer:innen aussetzen würden. Entsetzen breitet sich in mir aus, wenn ich mir vorstelle, meine Kinder müssten sich auf einer öffentlichen Bühne von Hunderten Schaulustigen anstarren lassen, während sie unbedarft im Wasser planschen oder ein Lied singen, und daneben steht womöglich noch jemand, der die Situation für sich nutzen will, bleckt die Zähne und geht mit seinem Hut herum, um Geld von den Zuschauenden einzusammeln (denn für was sonst steht die eingeblendete Werbung, an die wir uns längst gewöhnt haben). Es ist eine Tatsache, dass wir das Jahr 2020 schreiben und es zahlreiche Familien gibt, die solche Vergleiche noch nicht gezogen haben, weil die Onlinewelt abstrakt genug ist, um sie auszublenden. Zu ihnen ist noch nicht vorgedrungen, dass Urlaubsvideos mit Kindern in Badehosen und beim Planschen im Garten in den falschen Händen missbraucht werden können. Oder dass Kinder, die ihre Tanzvideos bei TikTok hochladen, Gefahr laufen, Opfer von Cybergrooming zu werden – ein weiteres Risiko, wenn wir Eltern unsere Kinder im Netz allein lassen. Cybergrooming ist der Begriff für virtuelle sexuelle Belästigung, die von Erwachsenen mittels gefakter Nutzeraccounts ausgeübt werden kann. Im vorletzten

Jahr wurde der Social-Media-Dienst Musical.ly, der jetzt TikTok heißt, für die Gefahr bekannt, dass dort unter Dreizehnjährige aufgefordert wurden, Bilder von sich in aufreizenden Posen zu veröffentlichen.

> ### Cybergrooming = virtuelle sexuelle Belästigung
>
> Cybergrooming bedeutet, dass Täter:innen im Internet nach ihren Opfern suchen. Sie nutzen soziale Netzwerke wie Instagram, TikTok oder Snapchat oder auch die Chatfunktion von Online-Spielen, um den Kontakt zu Kindern und Jugendlichen herzustellen.
>
> Grooming (englisch: anbahnen, vorbereiten) ist der Fachbegriff für verschiedene Handlungen, die einen sexuellen Missbrauch vorbereiten. Er bezeichnet „das strategische Vorgehen von Tätern und Täterinnen gegenüber Mädchen und Jungen: Sie suchen den Kontakt, gewinnen ihr Vertrauen, manipulieren ihre Wahrnehmung, verstricken sie in Abhängigkeit und sorgen dafür, dass sie sich niemandem anvertrauen. Diese Handlungen sind als Vorbereitung zu sexuellem Kindesmissbrauch strafbar, auch wenn sie in einem Chatroom erfolgen." (www.beauftragter-missbrauch.de)

Der öffentliche Internetraum spielt nach den Regeln der Erwachsenen, so wie es ein öffentlicher Marktplatz auch tut. Jeder kann dort ein Kind ansprechen, wenn wir nicht hinsehen und die Beschränkungen für die Internetnutzung nicht eingestellt haben. Wir kennen das leider auch umgekehrt: Jeder kann anschauen, was andere dort posten. Auf YouTube veröffentlichte Schockvideos, per WhatsApp geteilte Folterbilder: All das ist auch, wie auf einem mittelalterlichen Markt, ohne jegliche Sperrstunde oder Polizeipräsenz, abrufbar. Hier sind Kinder schutzlos wahllosen Gewalt- und Pornobildern ausgeliefert, wenn wir sie nicht aktiv davor beschützen und entsprechende Einstellungen in unserem Browser vornehmen und die

Altersbeschränkung anklicken (mehr dazu wird in Kap. 4 beschrieben). In Folge einer zu frühen Konfrontation mit Gewaltbildern können Traumata bei Kindern ausgelöst werden, und was das für die weitere Entwicklung eines Kindes bedeutet, kann kein Elternteil abschätzen. Denn ein Bild, das einmal gesehen wurde, wird man nicht mehr los – das Gehirn kann eine visuelle Konfrontation als ein Erlebnis abspeichern und über Ängste und Albträume können die gesehenen Bilder langfristig traumatisierend wirken (Interview mit Ralph Schliewenz, Focus Online vom 10.11.2017).

Was den Missbrauch von Bildern betrifft wird die digitale Fürsorge für die eigenen Kinder und für sich selbst ganz konkret: Das Recht am eigenen Bild der Kinder sollten Eltern vertreten und ausüben. Das bedeutet, dass jeder und jede seine und ihre Kinder im Fall einer Ver-öffentlichung fragen muss – und im Zweifel eben das Bild nicht hochlädt, z. B. wenn das Kind unter vierzehn Jahren ist und noch nicht absehen kann, welche Konsequenzen ein öffentlich geteiltes Bild haben kann. Gott sei Dank wuchsen die Sensibilität und das Wissen um die Rechte am eigenen Bild in den letzten Jahren kontinuierlich an. So werden minderjährige Schüler:innen inzwischen z. B. vor jeder Bildaufnahme im schulischen Kontext aufgefordert, eine Einverständniserklärung der Eltern einzuholen. Ohne diese Erklärung gibt es kein Bild. Einen Vorstoß für mehr gesetzliche Beschränkungen kommt von der Geschäftsführerin des Vereins *Innocence in Danger*, Julia von Weiler, allerdings aus der entgegengesetzten Richtung: Sie fordert ein Smartphone-Verbot für Kinder unter vierzehn Jahren. Die Psychologin warnt vor immer jüngeren Täter:innen und Opfern aufgrund von Gewalt- und pornografischen Bildern im Netz, die sich die ungeschützten Kinder ansehen können. Vom IT-Branchenverband Bitkom wird ein solches Verbot natürlich abgelehnt – stattdessen wird auch hier wieder gebetsmühlenartig die Vermittlung von mehr Medienkompetenz gefordert (Berliner Zeitung 2019). Vermutlich löst ein Smartphone-Verbot für Kinder unter vierzehn Jahren nicht das Problem der Zugänglichkeit von jugendgefährdenden Inhalten im Internet. Aber der reflexhafte Verweis auf mehr Medienkompetenz hilft den gefährdeten Kids oft erst zu spät.

Und noch ein weiteres neues Phänomen erscheint am Horizont der digitalen Praktiken: Die Sucht nach Likes. In der Social-Media-Community gelten möglichst viele Likes als Zeichen der Anerkennung, die sich bei Influencern sogar geschäftlich ausnutzen lässt. Die Sucht nach Likes ist in erster Linie nur eine Suche nach dem Gemochtwerden, also "geliked" zu werden im wahrsten Sinne des Wortes. In den letzten Jahren ist der Hype um die Vergleiche der gesammelten Likes unter den Posts zur wahren Sucht geworden. Nicht der Inhalt eines Eintrags zählt, sondern die gesammelte Zahl der gehobenen Daumen oder der Herzen. Zum Likaholism gehört auch die unter "fomo" bekannt gewordene "fear of missing out", die Angst, etwas zu verpassen. Sie prägt eine ganze Generation von Jugendlichen, die tausende Fotos und Videos auf Social-Media-Kanälen sichtet und stundenlang mit Scrollen und Streamen beschäftigt ist. Besonders pikant ist, dass die Dienste genau das Bezwecken: Eine möglichst lange Beschäftigung mit dem Medium, das per Algorithmus bis ins Unendliche die passenden Inhalte anbietet.

Cybermobbing

Sehen und gesehen werden ist das Prinzip vieler Online-Dienste, auch der Erfolg der Bilderplattform Instagram ist ihm zu verdanken. Hier werden Fotos mit Kommentaren versehen und geteilt – Alltagsgegenstände, Witziges, Nahrungsmittel, aber vor allem Selfies. Bei Instagram geht es um die bildhafte Inszenierung des eigenen Lebens, die in der Community „geliked" werden soll. Unter Jugendlichen bedeutet die Meinung der Internetcommunity besonders viel. Kommentare in Chaträumen oder unter Instagram-Posts können in den seltensten Fällen gelöscht werden, sie dokumentieren die Meinungen der anderen für immer. „In Stein gemeißelt" mag wie eine Beschreibung aus der Antike klingen, doch heute wirkt sie angemessener denn je. Fälle von Mobbing durch soziale Netzwerke sind besonders an Schulen ein Thema. Kaum eine Lehrerin oder ein Lehrer hat heute noch nicht schlichtend eingreifen müssen, weil Schülerinnen und Schüler sich im Ton vergriffen haben oder beleidigende Bösartigkeiten über andere veröffentlicht wurden. Die emotional geführte Debatte über ein Verbot an Handys in Schulen in Frankreich im Sommer 2018 zeigt, dass ein Nerv der Bevölkerung getroffen wurde: In Frankreich wurde zum Schuljahr 2018/2019 ein Handyverbot eingeführt. Das Cybermobbing hatte dort eine ganze Schülergeneration im Griff, und den wenigstens für einige Stunden zu lockern machte sich die Politik zur Aufgabe. Welche Auswirkungen das Verbot tatsächlich für das Unterlassen von Cybermobbing hat, ist umstritten. Denn die Wirkung von Cybermobbing ist ja gerade, dass sie zeitlich und räumlich unbegrenzt ist. Unter „Cybermobbing" oder auch „Cyberbullying" versteht man das öffentliche Schikanieren, Verspotten und Bloßstellen von Menschen in sozialen Netzwerken oder in Chaträumen.

> **Cybermobbing/Cyberbullying**
>
> Bloßstellen, Schikanieren und Verspotten oder Beleidigen über Kommunikationsmedien wie E-Mails, WhatsApp-Nachrichten, Posts in sozialen Netzwerken, Foren, Websites, Chaträumen (www.bmfsfj.de, Medienkompetenz)

Das Perfide an dieser neuen Form des Mobbing ist die Unentrinnbarkeit, die den Opfern widerfährt: Das Geschriebene oder das Foto ist überall sichtbar, Beleidigungen öffentlich einsehbar, sie verfolgen einen überallhin. „Normale" Mobbingopfer können sich räumlich von den Tätern entfernen oder ein anderes Umfeld suchen, Cybermobbing hingegen wirkt sich auf alle Räume aus. In der JIM-Jugendstudie von 2017 gab jeder Dritte (34 %) Jugendliche an, dass in seinem Bekanntenkreis schon einmal jemand im Internet oder per Handy fertig gemacht wurde (und das war vor drei Jahren!). Die Therapeuten Siegfried und Wanders, die Jugendliche stationär betreuen, berichten von ihren Medienkompetenzseminaren, in denen jeder jemanden kennt, „der sich aufgrund von Cybermobbing selbst verletzt hat" oder Suizidgedanken hatte (Siegfried und Wanders 2019, S. 110). Meistens geht es um entblößende, peinliche Videos oder Bilder, die über die sozialen Netzwerke in der Schule kursieren. Verfremdete Fotos können genauso Mittel des Spotts werden wie Bilder, die Jugendliche nackt zeigen. Die Grenzen zwischen Spaß und Mobbing sind dabei oft hauchdünn. Eins ist klar: Sobald Nacktaufnahmen im Spiel sind, ist bei Minderjährigen der Spaß vorbei, denn diese gelten als Kinderpornographie und sind strafbar. Nur: Wie kann man Teil an der Netzwelt Jugendlicher haben?

Ein Lehrer in meinem Umfeld berichtet von einer Klassenkonferenz, weil eine Schülerin in der siebten

Klasse eine andere im Klassenchat aufs Schärfste beleidigt haben soll. Klassenchats sind Gruppen in sozialen Netzwerken, die von den Schüler:innen selbst eingerichtet werden. Natürlich handelt es sich dabei meist um WhatsApp-Gruppen. So eine Gruppe ist ein öffentlicher Raum, der seit 2018 zwar erst ab 16 Jahren (!) erlaubt ist (das ist die WhatsApp-Altersgrenze laut Datenschutzgrundverordnung), zu dem aber kein Erwachsener Zutritt hat, sondern nur die Mitschülerinnen und Mitschüler, die ein Smartphone besitzen. In der siebten Klasse sind das alle. Im Grunde existiert im Fall der mobbenden Siebtklässlerin ein halb-illegaler Raum unter Minderjährigen, den oft diejenigen als Täter:innen für sich nutzen können, die in der realen Gruppe wenig Anerkennung finden, und zwar ohne Anwesenheit von Aufsichtspersonen. Hier einzugreifen ist schwierig. Eine Klassenkonferenz kann die Mobbende zurechtweisen, aber offiziell einschreiten dürfen die Lehrenden nicht – laut Datenschutzverordnung dürfen nämlich Lehrer:innen nicht in eine WhatsApp-Gruppe mit Schüler:innen aufgenommen werden. Und diese Lösung wäre vermutlich auch überflüssig: Würde eine Lehrperson in den Klassenchat aufgenommen, dann ebbte die Kommunikation über diesen Kanal ab und eine neue, erwachsenenfreie Gruppe würde gegründet. Nein, hier sind eher die Eltern der Schüler:innen gefragt, auf deren Engagement kommt es in so einem Fall an. Und natürlich sind vorbeugende Maßnahmen gefragt.

Genau daran knüpft die Akademie „Digitale Helden" aus Hessen an: Seit 2104 entwickelt das Unternehmen ein gemeinnütziges und vielfach ausgezeichnetes, bundesweites Mentor:innenprogramm, in dem Schüler:innen zu digitalen Helfer:innen für Jüngere ausgebildet werden. Und für Schulklassen, die Probleme mit Chatgruppen haben, aber auch zur Prävention, bietet die Akademie Klassenchat-Kurse für Schulklassen an, in denen Lehrer:innen sich kostenlose Unterrichtseinheiten zum Thema Klassenchat herunterladen können oder Eltern sich zu Themen wie Cybermobbing und das erste Smartphone informieren können. Wenn es ein paar digitale Helfer:innen in einer Chatgruppe gibt, ist schon vieles gewonnen für das Klassenklima.

Mädchen und Jungs – die verschiedenen Risiken

Ein Element in der digitalen Fürsorge, dem wir Eltern nach diesen Erkenntnissen Beachtung schenken müssen, ist die verstärkt geschlechtsspezifische Nutzung von Bildschirmmedien, und zu ihnen zählen auch Konsolenspiele. Wir müssen in erster Linie anerkennen, dass die Mehrheit der Jungen und Mädchen unterschiedliche Bedürfnisse in der Online-Welt haben. Und diese führen zu unterschiedlichen Nutzer:innenprofilen. Zur Mediennutzung gehören Playstation genauso wie X-Box und Wii: Im Alter von sechs bis 13 Jahren nämlich spielen Jungen durchschnittlich bereits fast eine Stunde täglich an einer Konsole Videospiele, Mädchen lediglich 36 Minuten, so legt es die JIM-Jugendstudie von 2017 nahe. Diese Zahlen sind erstaunlich hoch, und vermutlich ist die erhobene Altersspanne zu groß: Siebenjährige Kinder haben noch ganz andere Medien-Interessen als Elfjährige. Aber interessant ist der Geschlechter-Gap allemal. Während Mädchen im Alter zwischen zwölf und 19 Jahren etwa 46 Minuten an Schultagen mit Videospielen verbrachten, waren es bei den Jungen im Schnitt erstaunliche 124 Minuten täglich (JIM 2017). Die neue JIM-Studie, die 2020 erschien, erkennt einen Anstieg der durchschnittlichen Spielzeiten bei Jungen auf 146 Minuten, während Mädchen nun

57 Minuten spielten. Jungen verbringen also dreimal mehr Zeit mit Videospielen als Mädchen. Die Studie weist auf das Erscheinen des beliebten Spiels "Fortnite" als mögliche Ursache hin (JIM 2018, S. 58).

Seit mein Sohn von seinem Onkel eine Playstation geschenkt bekam und das Game „FIFA 18" für sich und seine Freunde entdeckte, weiß ich auch, wie solche Nutzungszahlen zustande kommen. Denn mit FIFA 18 kamen die Nachbarsjungen plötzlich reihenweise zu Besuch, und die Standardfrage lautete: „Mama, können wir Playstation spielen?" Zu Beginn durften sie. Aber schon bald stellte sich heraus, dass der echte Fußballplatz doch interessanter ist als der virtuelle, und nachdem das Spiel seinen Neuheitsbonus und damit an Attraktivität eingebüßt hatte, erübrigte sich irgendwann die Lust auf das Zocken an der Konsole. Natürlich nicht ohne das elterliche Eingreifen: Die Spielzeit war stets begrenzt, und ohne Kontrolle ist eine zeitliche Begrenzung so unnütz wie ein Brettspiel, dessen Würfel fehlt. Wenn Sie also verhindern wollen, dass Ihr Sohn ein Dauerzocker wird, obwohl Sie eine Konsole und Gaming-PCs zu Hause haben, dann bleibt Ihnen die Rolle des Mahners oder der Mahnerin leider nicht erspart. Und die Jungen brauchen lediglich eine Ermunterung der Eltern, etwa auf den Bolzplatz zu gehen und die Online-Tricks live auszuprobieren, anstatt FIFA an der Konsole zu spielen. Es ergeben sich natürlich auch witzige Ideen durch die Online-Vorlieben von Kindern: Mein Sohn sah sich bei YouTube eine Weile gerne die besten Sprünge von Turmspringern an, und anschließend ahmte er im Schwimmbad seine Lieblingsstunts nach. So brachte er sich mit neun Jahren einen Rückwärtssalto vom Fünfmeterbrett bei. Ganz anders die Vorlieben meiner Tochter: Sie spielt gerne auf dem Smartphone herum, wenn es um Farben, zeichnen und malen geht. Sie liebt die kleinen Details, meinem Sohn sind sie eher schnuppe. Warum sich meine Kinder so klischeehaft geschlechtsspezifisch verhalten, kann ich nicht beantworten. Fakt ist: Sie tun es. Und das, obwohl ich meinem Sohn rosa Schnuller gekauft habe und mit drei Jahren zum Ballett brachte: Er spielte mit Autos, wollte immer nur zum Fußball und auf jeden Baum klettern. Meine Tochter bastelt und malt gerne, sie liebt Rollenspiele, sie mag Puppen, und das, obwohl sie weite Jeans anzieht und ihre Lieblingsfarbe blau ist. Vielleicht hat ihre unterschiedliche Entwicklung weniger mit ihrem Geschlecht zu tun als mit ihren persönlichen Vorlieben, so sagen es die einen. Vielleicht ist es die unterschiedliche Ausprägung von geschlechtsspezifischen Hormonen, so sagen es die anderen, die dazu führen, dass Jungen sich lieber körperlich messen als Mädchen. Oder vielleicht ist es die Sozialisation selbst, die durch das unbewusste Verhalten von Erwachsenen und anderen Kindern von Geburt an einen Geschlechtsunterschied vermittelt, den sie ausprägen. Es ist vor allem das Lernen am Rollenvorbild, das zu den festen Vorstellungen von Geschlechterbildern führen kann. Eins ist klar: Die Geschlechternormen, die noch vor etwa dreißig Jahren recht starr und dichotom gelebt wurden, befanden sich in den letzten Jahrzehnten in einer Transformation, die unsere Kinder mit offeneren Geschlechterbildern aufwachsen lassen. Und doch ergeben sich trotz dieser gestiegenen Offenheit, trotz gesellschaftlicher Sensibilität, Antidiskriminierungsgesetzen, Gender-Beauftragten, Girl's-Days, Equal-Pay-Days, Unisex-Toiletten, einer Bundeskanzlerin und der Thematisierung von sexueller Vielfalt an Schulen in der Realität von vielen jungen Erwachsenen klare Normen und Rollenvorbilder, die sich auch in der unterschiedlichen Nutzung von Hardware ausbilden. Ein feststehender PC oder Laptop oder die als Playstation bekannte Spielkonsole ist nach wie vor eine männliche Domäne, während weibliche Kinder und Jugendliche das Smartphone deutlich öfter zum Spielen nutzen (Abb. 2.1). Tragbare Konsolenspiele dümpelten 2018 noch bei zu vernachlässigenden 3 % in der Nutzungshäufigkeit. (Dieser Wert ist inzwischen vermutlich sowohl bei Jungen als auch bei Mädchen gestiegen.)

Auch Geschlechterklischees, die an einer auf das Aussehen reduzierten, objektifizierten Weiblichkeit orientiert sind, gewinnen im Netz an Gestalt. So sind junge Frauen die größte Nutzerinnengruppe des Instant-Messaging-Dienstes Snapchat – eine App, in der „Schnappschüsse" geteilt werden können. Aus den USA liegen Zahlen vor, nachdem 70 % der Nutzerinnen weiblich sind und die Mehrheit den Dienst nutzt, um Selfies zu verschicken (omnicoreagency.com). Snapchat ist ein Online-Dienst, der die Gesichter mit Filtern oder spezifischen Linsen „modifiziert". Diese modifizierten Linsen beinhalten jeweils Wimperntuschen, blaue

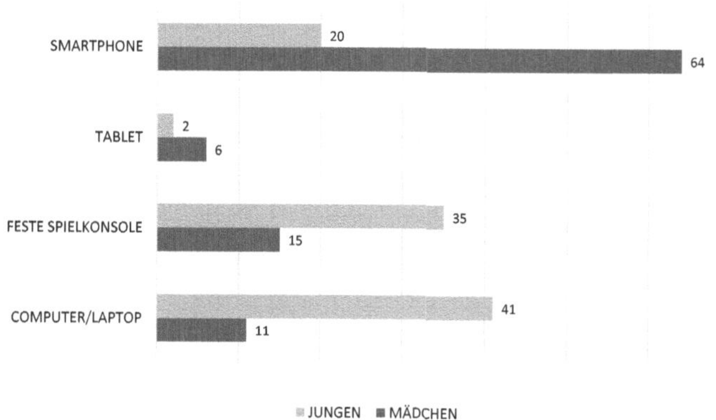

Abb. 2.1 Der größte Unterschied beim Spielen ist die Hardware. (Daten aus JIM-Jugendstudie 2018, S. 58, eigene Darstellung)

Augen und glatte Haut. Wer sich wundert, warum so viele Selfies von Katzen- oder Leopardenmädchen aussehen wie von Photoshop nachbearbeitet, der sollte Snapchat ausprobieren – jedes Gesicht sieht durch die Linse aus wie das von Katy Perry. Wer selbst einmal eine Serie Snapchat-Fotos geschossen hat, weiß, wie fahl der natürliche Teint durch die normale Linse plötzlich aussehen kann. Die gepimpten Fotos werden dann in eine selbstgewählte Gruppe gesendet und nicht in Timelines veröffentlicht. Allerdings *gehören* die gesendeten Bilder wie auch bei WhatsApp oder Instagram dem Onlinedienst, wenn sie geteilt wurden.

„Thinspiration" auf TikTok

Gerade in der Teenagerzeit ist das Posieren und die Lust an der perfekten Darstellung eine Gratwanderung, da Häme und Kritik eine besonders niederschmetternde Wirkung haben können. Hier besteht nicht nur die allseits beschworene Suchtgefahr nach dem täglichen Onlinekick, sondern psychische Störungen wie Magersucht und Essstörungen können ebenfalls eine Folge sein. Das Robert-Koch-Institut warnte schon vor dem Social-Media-Zeitalter, dass 30 % der Mädchen im Gegensatz zu 13 % der Jungen im Alter zwischen dreizehn und siebzehn Jahren auffälliges Essverhalten zeigten (RKI 2008). Laut statistischem Bundesamt hat sich die Zahl von diagnostizierter Anorexie – bekannt als Magersucht – im Zeitraum von 2005 bis 2015 verdoppelt, nämlich von knapp über 5000 auf 8079 stationär behandelte Fälle in Deutschland (www.statista. de). Und immer noch sind Mädchen um ein Vielfaches häufiger von Magersucht betroffen als Jungen: Die Bundesanstalt für gesundheitliche Aufklärung gibt an, dass auf zehn bis zwanzig betroffene Frauen nur ein erkrankter Mann kommt. Diese alarmierenden Zahlen sind zu einem Teil auf unrealistische mediale Vorbilder und deren perfektionierte Selbstdarstellung zurückzuführen, die durch die Nutzung sozialer Medien jeden Tag aufs Neue angesehen werden. Fotolinsen und Optimierer tun ihr Übriges, um einem heranwachsenden Menschen das Gefühl zu vermitteln, sein Körper sei nicht schön genug, nicht perfekt genug. Weitere Faktoren, die zu einer Ausbildung von krankhaftem Verhalten hinzukommen, sind familiäre und soziale Hintergründe – aber mit Sicherheit korreliert die Zunahme von Essstörungen bei jungen Frauen mit der gestiegenen Nutzung von Online-Bilder-Diensten und sozialen Netzwerken wie Instagram, Snapchat und Co. Besonders riskant ist das Internet in Bezug auf so genannte „Pro-Ana-Foren" oder sogar „Pro-Mia-Foren", also für Anorexia nervosa oder die Bulimiestörung. In diesen Foren bestärken sich junge Mädchen und Frauen gegenseitig in der Aufrechterhaltung ihrer Essstörung, zeigen mit Fotos ihren „Erfolg" und tauschen Tipps aus, die sie „Thinspiration" nennen (Auersperg und Eichenberg 2018, S. 95 ff.). Auch auf YouTube und TikTok sind zahlreiche solcher Kanäle verfügbar und sowohl Kinder als auch Jugendliche können uneingeschränkt auf sie zugreifen. Es ist und bleibt unsere Elternaufgabe, die Kinder entsprechend zu sensibilisieren: Mit der Tochter sollten wir besonders über die Risiken sprechen, die der Druck einer permanenten, körperbetonten Selbstdarstellung inklusive ihrer Kommentierung in sozialen Netzwerken erzeugt. Hier sind wir mit einer klaren Haltung gefragt: die Oberflächen-Scheinwelt der Selbstdarstellung im Netz sollten wir, wenn immer es geht, hinterfragen und unseren Kindern vermitteln, dass wir sie lieben, so wie sie sind. Das Selbstvertrauen, das wir unseren Kindern mit auf den Weg geben, ist ihr Geleitschutz in den unwägbaren Tiefen des digitalen Zeitalters. Und selbstverständlich müssen wir ihnen den Rücken stärken, wenn verunsichernde Kommentare in ihren Timelines auftauchen. Das wichtigste ist, dass wir unseren Kindern – und das gilt natürlich für alle Geschlechter – stets vermitteln: „Du kannst dich jederzeit an mich wenden. Es gibt nichts, was dir peinlich sein muss. Du brauchst nicht das Gefühl zu haben, allein zu sein, wenn du beleidigenden und verspottenden Nachrichten ausgesetzt bist."

Während mehr Mädchen von den sozialen Netzwerken in puncto Schlankheitswahn erfasst werden, laufen Jungen stärker Gefahr, ein gestörtes Essverhalten über athletische Foren kennenzulernen. Auch hier spielen idealisierte Körperbilder eine Rolle, aber es sind die muskelbepackten Männer, die in solchen Foren zum Ideal erkoren werden. Das krankhafte Erreichenwollen dieses sportbetonten Ideals kann in einer Anorexia athletica münden (Auersperg und Eichenberg 2018, S. 96). Zahlenmäßig viel häufiger aber kommt bei Jungen und jungen Männern eine andere Krankheit vor: Ihr Risiko, ein Onlinespielsuchtverhalten zu entwickeln, wenn sie stundenlang vor der Konsole oder dem Computerspiel verbringen, ist hoch. Zudem kann das Genre der Spiele problematisch sein, die konsumiert werden (mehr dazu ist im nächsten Abschnitt zu lesen). In all diesen Fällen gilt auf jeden Fall oberste Wachsamkeit: Wenn das Kind nur noch auf die nächste Schlacht von Fortnite hin fiebert, sich nicht mehr auf das Essen freut, nicht mehr gern das Zimmer verlässt, spätestens dann sollte der Stecker des Rooters gezogen werden. Oder noch radikaler: Das Spiel sollte zunächst ganz gelöscht werden. Genauso verhält es sich mit der Partizipation an krankmachenden oder krankheitsbestärkenden Foren und Diensten: Löschen Sie diese Apps gemeinsam mit Ihrem Kind, schreiben Sie gemeinsam eine Abschiedsmail. So unbarmherzig sich dieses konsequente Handeln auch anhören mag, für die Gesundheit Ihres Kindes ist es umso wichtiger. Auch wenn es Proteste gibt und unbequeme Auseinandersetzungen mit den betroffenen Kindern vorprogrammiert sind: Nur durch Ihr Handeln kann die Suchtspirale durchbrochen werden (vgl. Abschnitt „Co-Abhängigkeit vermeiden" in diesem Buch). Hier kann man als Elternteil auch getrost den Kinder- und Jugendarzt ins Vertrauen ziehen und weiterführende Beratungen in Anspruch nehmen. Ein radikaler Eingriff in die Gerätehoheit des Kindes wird im besten Fall gemeinsam mit dem Kind nachbearbeitet und meistens sind es Vertrauenspersonen von außen, die den Kindern besser vermitteln können, warum sich die Eltern Sorgen machen, warum sie entsprechend handeln und warum sie möglicherweise Hilfe von außen brauchen.

Problematisches Gaming und "Craving"

Ein im letzten Jahr unter Eltern und Expert:innen gefürchtetes Shooter-Spiel ist „Fortnite", dessen Sucht- und Aggressionspotenzial als sehr hoch eingeschätzt wurde. Der Hype um das amerikanische Ritterspiel vom Konzern „Epic Games" brachte es Ende 2018 in die Medien, als klar wurde, dass Millionen Kinder in der Suchtfalle stecken. Das Online-Magazin Business Insider zitierte: „Das Spiel wirkt wie Heroin" (Business Insider 2018). 200 Mio. Spieler sollte es weltweit geben, und besonders in Deutschland erfreute es sich (und erfreut sich noch) großer Beliebtheit. Der Spielmodus „Fortnite Battle Royale" wird ab zwölf Jahren und kostenlos angeboten, natürlich mit vielen teuren Extras, die bei Bedarf die Gewinnchancen erhöhen können. Der Suchtfaktor ist deshalb so groß, weil das Spiel mit anderen Gamern in Schlachten gespielt wird. Man tritt gegen 99 andere Nutzer an und muss auf einer einsamen Insel überleben. Es gewinnt derjenige, der es als allerletzter geschafft hat, zu überleben. Das Spiel wird über einzelne Runden gespielt, und hat eine Runde begonnen, so kann sie nicht verlassen werden – denn dann ist das ganze Spiel verloren. So entsteht der Suchteffekt, ein Sog, dem sich Kinder kaum selbst entziehen können. Es gibt übrigens auch einen Kreativmodus von Fortnite, in dem – ähnlich wie bei „Minecraft" – gebaut und konstruiert wird, was uns Eltern als „gut" erscheint. Aber leider ist der eine Modus nicht ohne den anderen zu haben. Glücklicherweise hatte ich das Spiel von vorne herein verboten, was mir zuerst schlechte Laune und den Vorwurf, die strengste Mutter der Welt zu sein, einhandelte. Nach ein paar Monaten, die mein Sohn in seiner Klasse als „Fortnite-Wahn" unter einigen seiner Mitschüler:innen (vornehmlich aber doch Jungen) erlebt hat, ging meine Rechnung aber auf: Mein Sohn nahm die Gruppe der „Fortnite-zockenden" Mitschüler dann nämlich selbst als aggressiv wahr und wollte dieses Spiel gar nicht mehr spielen.

Wissenschaftler:innen von der Universität Innsbruck fanden heraus, dass es einen Zusammenhang zwischen aggressivem Verhalten und den blutvergießenden Shooter-Spielen gibt: „Ballerspiele verstärken aggressive Gedanken, aggressive Affekte und entsprechendes Verhalten" (Süddeutsche Zeitung 2014). Gleichzeitig reduzierten diese Spiele empathische Gefühle und Hilfsbereitschaft, so die Studie weiter. Auch wenn solche Aussagen unter Experten umstritten sind und offenbar hoch ideologisch aufgeladen (in der gleichen Zeitung wurde im März 2020 eine Studie mit gegenteiligen, beruhigenden Ergebnissen vorgestellt), sie weisen in eine Richtung, die zumindest Umsicht einfordert. Bei einer durchschnittlichen Spielzeit unter männlichen Jugendlichen von 146 Minuten, wie sie die JIM-Studie nennt, muss also zusätzlich noch gefragt werden, welche Spiele gespielt werden, um Aussagen über die Wirkungen treffen zu können, die der Spielkonsum auf ihr Leben hat. Und noch ein Risiko geht mit dem Gaming einher: Die Zeit, die der Junge in der Spielwelt verbringt, ist Zeit, in der er sich in der echten Welt nicht bewegt. Denn mit dem steigenden Bildschirmkonsum ist in den letzten Jahren die Zahl der übergewichtigen und fettleibigen Kinder und Jugendlichen im Alter zwischen fünf und 19 Jahren stark angestiegen. Eine Studie der WHO fand heraus, dass in Deutschland 1975 noch rund 13 % der Jungen und 14 % der Mädchen übergewichtigwaren, im Jahr 2016 hingegen schon 28 % der Jungen und 25 % der Mädchen (Spiegel Online 2017). Ähnlich stark stieg die Zahl der Fettleibigen. Sicherlich spielt eine ungesunde Ernährung dabei die Hauptrolle – Fastfood und viel Zucker stehen hier auf Platz eins am Pranger – jedoch spielt der Medien- und Bildschirmkonsum als Bewegungskiller mindestens die zweite Geige. Und die Fettleibigkeit hat Konsequenzen, denn sie senkt die Lebenserwartung: Fett macht krank, verursacht Diabetes, Herzleiden und andere Katastrophen. Ein medizinischer Super-GAU, der in allen europäischen Ländern inzwischen Probleme bereitet, von den USA ganz zu schweigen. Kürzlich berichtete die Süddeutsche Zeitung über den Hilferuf britischer Ärzte, die eine „nationale Katastrophe" ausgerufen hatten. In Bradford, Nordengland, wurde bei jedem zehnten Einwohner Diabetes Typ 2 diagnostiziert (Süddeutsche Zeitung 2018). Dieser wird vermutlich von stundenlangem Bildschirmkonsum, Konsolenspielen, Bewegungsmangel und dazu einer Tiefkühlpizza und Schokoladenpudding flankiert. So hat es ein zunächst reißerisch klingendes Phänomen im Zusammenhang mit computer- und internetbezogenen Störungen von Jugendlichen auf einen Buchtitel geschafft: Das so genannte "ISO-Syndrom", ein Akronym für „Internetsucht Schuleschwänzen Obesitas", wobei Obesitas Fettleibigkeit meint, bezeichnet den Teufelskreis, in den spielabhängige und in der Folge schlecht ernährte Kinder geraten können (Siegfried und Wanders 2019, S. 11). Die Autoren, die in einer Reha-Klinik für adipöse Kinder und Jugendlichen arbeiten, beobachten bei ihren jungen Patienten den Zusammenhang vom Eintauchen in die Parallelwelt der digitalen Spielwelt und der einsetzenden Fettleibigkeit, die im Zusammenhang mit schlechten Schulleistungen immer stärker zu einem Rückzug aus dem Schulleben führe. Die Autoren gehen von einer halben Millionen Jugendlichen in Deutschland aus, die als Risiko-Gamer gelten und um die 8 Stunden täglich „zocken" (ebd., S. 18). Aber sie finden unter ihren Patienten auch Kinder und Jugendliche, für die das Streamen von Videos weit gefährdender ist als das Spielen, hier unterscheiden sich Mädchen von Jungen. Ein Mädchen etwa berichtet, dass sie die Schule geschwänzt habe, um eine Staffel von "Game of Thrones" sehen zu können, Jungen hingegen zeigen beinah alle Suchtverhalten in Bezug auf digitale Games (ebd.). Die persönlichen Berichte der Jugendlichen sind haarsträubend, sie gehen von gestörten Schlaf-Wach-Rhythmen, fehlender Körperhygiene und unregelmäßigen Mahlzeiten aufgrund des Spielverhaltens bis hin zum versäumten Toilettengang. Der Teufelskreis beginnt dann, wenn die Gefährdeten aus Frust über ihr Schulversagen und die Gewichtszunahme die Schule schwänzen und in der Folge noch stärker zunehmen, noch schlechtere Noten bekommen und noch seltener zur Schule gehen und die negativen Konsequenzen ihres Suchtverhaltens damit aussitzen.

Auch Medienskeptiker Manfred Spitzer hat auf den Zusammenhang von gesundheitlichen Risiken und Medienkonsum hingewiesen, allerdings sah er in der Werbung für schädliche Lebensmittel, die im Fernsehen gezeigt werden, den Ursprung des Ernährungsübels (Spitzer 2015, S. 48). Was Spitzer hingegen eindeutig bestätigt, ist die geschlechtsspezifische Problematik, die mit dem digitalen Spielen einhergeht. Spitzer sieht einen klaren Zusammenhang zwischen der verbrachten Zeit an der Spielkonsole und schlechten Zensuren in der Schule (ebd., S. 185). Allerdings bringt er einen Umkehrschluss ins Spiel: Vielleicht greifen schlechte Schüler gerne zur Spielkonsole, um sich abzulenken oder ihr Schulversagen zu vergessen, nicht umgekehrt? Nein, so ist es nicht. Er präsentiert eine von Wissenschaftler:innen durchgeführte Vergleichsstudie mit Jungen im Grundschulalter: Der einen Gruppe wurde eine Playstation-Konsole (PS 2) geschenkt, die andere besaß keine. Die erste Gruppe – deren Eltern sowieso mit dem Gedanken spielte, sich eine Konsole zuzulegen – spielte rund 40 Minuten täglich. Die Lese- und Schreibfähigkeit der Playstation-Spieler ließ nach vier Monaten deutlich zu wünschen übrig, ihre Leseleistung hatte sich im Vergleich zu den anderen sogar erheblich verschlechtert anstatt zu stagnieren. Spitzer folgert, dass die PISA-Verlierer Opfer ihres Medienkonsums sein müssen: „Die

Jungen sind also die Problemgruppe; ihre intellektuellen Fähigkeiten sind durch Video- und Computerspiele massiv gefährdet." (ebd., S. 188) Dieser Satz ist ein schönes Beispiel für Spitzers oft zitierten Alarmismus. Natürlich sind es nicht die Videospiele selbst, die eine so genannte "Gaming Disorder" verursachen können. Es sind die Umstände, unter denen solche Geräte angeschafft oder geschenkt werden: Wenn die Eltern sowieso mit dem Gedanken spielten, eine Spielkonsole anzuschaffen, wurden bestimmte Eltern ausgesucht. Vielleicht Eltern, die kaum Zeit für ihre Kinder haben oder die selbst lieber Onlinespiele spielen? Vielleicht welche, die keine Ausstellungen besuchen und selbst kein Buch in die Hand nehmen? Dort, wo auch Großeltern oder Nachbarn keine Zeit haben, um sich mit den Kindern zu beschäftigen, werden diese eher zu einer Spielkonsole greifen und sich das Spielen als Freizeitbeschäftigung antrainieren, anstatt zu lesen oder Sport zu treiben. Wissenswert wäre auch gewesen, welcher Tätigkeit die Eltern nachgehen, deren Kinder eine Playstation für den Versuch geschenkt bekommen haben. Helfen diese Eltern ihren Kindern bei den Hausaufgaben? Lesen sie ihnen abends vor? Und besonders: Wie halten es die Eltern in der Kontrollgruppe?

Die massive Gefährdung der intellektuellen Entwicklung von Jungen ist nicht der Besitz einer Spielkonsole. Es ist die fehlende Begrenzung im Umgang mit ihr und die Abwesenheit von Bezugspersonen bzw. die Abwesenheit ihrer Aufmerksamkeit, die dazu führen, dass die intellektuellen Fähigkeiten der Kinder leiden. Die "Gaming Disorder" ist seit 2018 auch laut der Weltgesundheitsorganisation (WHO) eine anerkannte psychische Krankheit. Sie wurde in die 11. Auflage ihres Krankheitskataloges "International Classification of Diseases", bekannt als ICD, aufgenommen. Computerspielsucht zeigt sich an den gleichen Symptomen wie

eine stoffgebundene Suchterkrankung, z. B. Alkohol-
oder Drogensucht (Auersperg und Eichenberg 2018,
S. 78). Es gibt sechs Merkmale zur Beschreibung von
Online-Spielsucht: Erstens das so genannte "Craving",
also das starke Verlangen nach Computerspielen und die
völlige gedankliche und emotionale Eingenommenheit
von diesem Verlangen; zweitens der Kontrollverlust über
die Dauer, den Beginn und die Beendigung der Spiel-
tätigkeit; drittens Entzugserscheinungen wie Nervosität,
Unruhe, Schlafstörungen, Aggression oder Depression,
wenn die Person nicht am Computer sitzen kann;
viertens die Toleranzentwicklung, d. h. die Spielhäufig-
keit und -dauer wird sukzessive gesteigert; fünftens die
Vernachlässigung wichtiger Lebensbereiche – besonders
vorher als angenehm empfundene Aktivitäten werden
nicht mehr beachtet, soziale Kontakte vernachlässigt; und
schließlich sechstens die fehlende Verhaltensänderung
trotz negativer Konsequenzen: Betroffene setzen ihr Verhalten trotz z. B. Leistungsabfall, Übermüdung oder
Schlafstörungen fort (ebd., S. 79). Auf der Website www.
gaming-disorder.org können Betroffene oder Gefährdete
an einer Studie mitwirken, die herausfindet, ob ihr
Computerspiel noch ein Spiel ist oder bereits krankhafte
Züge trägt. Das ausgewertete Ergebnis wird den Pro-
banden schließlich mitgeteilt.

Die Notwendigkeit digitaler Fürsorge

Nach allen zusammengetragenen Informationen können
wir davon ausgehen, dass ein Mangel an digitaler Fürsorge – also die uneingeschränkte, bedenkenlose Nutzung
digitaler Medien – mit erheblichen gesundheitlichen
Risiken und Beschwerden einhergeht. Begonnen bei
den körperlichen Leiden, die sich in Kurzsichtigkeit,

gestörtem Essverhalten oder Rückenleiden äußern können, gehen die Risiken weiter über psychosomatische Leiden wie Konzentrationsstörungen, Lernschwächen und bei (kleinen) Kindern bis hin zu Sprachentwicklungsstörungen. Mangelnde digitale Fürsorge kann sich in Onlinespiel- oder Internetsucht äußern, die sogar in Depressionen münden und schließlich gravierende soziale Folgen mit sich bringen können. Soziale Folgen sind etwa Schulden, die man für seine Onlinespielsucht gemacht hat, oder auch Arbeitslosigkeit, wenn die negativen Folgen einer internetbezogenen Sucht nicht behandelt werden, oder gar eine Scheidung, die auf die exzessive Internetsucht mit ihren Folgen zurückzuführen ist.

Zusammenfassend lässt sich festhalten, dass auf vier verschiedenen Ebenen persönliche Risiken für die weitere Lebensführung zu vermuten sind, wenn digitale Fürsorge ausbleibt: Erstens auf der körperlichen Ebene, zweitens auf der psychosomatischen Ebene, drittens auf der seelischen, also psychischen Ebene, und viertens auf sozialer Ebene. Das bedeutet nicht, dass diese Folgen eintreten *müssen,* aber sie sind als Risiken zu betrachten, wenn das Bewusstsein für eine gesunde digitale Nutzung ausbleibt. Alle vier Ebenen hängen zusammen, lassen sich aber wie in Tab. 2.1 veranschaulichen. Auf der körperlichen Ebene finden sich die sensomotorischen Fähigkeiten, die durch uneingeschränkten Konsum von Bildschirmmedien verkümmern können. Auf der körperlichen Ebene ist damit auch die sinkende Konzentrationsfähigkeit zu finden, die sich zwar auf allen Ebenen ausdrückt, hier aber ihren Ursprung nimmt, sowie die Folgen für den Organismus, die Stoffwechselerkrankungen wie Adipositas und Diabetes haben. Am schwerwiegendsten sind allerdings die Folgen, die Körper und Psyche gleichermaßen betreffen, wie es bei der Ausbildung von Suchtverhalten, von gestörtem Essverhalten und der Ausbildung einer

Tab. 2.1 Mögliche Folgen mangelnder digitaler Fürsorge. (eigene Darstellung)

Mögliche Folgen mangelnder digitaler Fürsorge	
Körperlich	Sensomotorische Einschränkungen
	Adipositas/Fettleibigkeit
	Folgeerkrankungen (Stoffwechselerkrankungen wie Diabetes, Herz-Kreislauf-Erkrankungen)
	Muskel- und Skeletterkrankungen (besonders Sehnenscheidenentzündungen, Nackenverspannung und in Folge Rückenleiden)
	Kurzsichtigkeit (und deren Folgeerkrankungen)
Psychosomatisch	Sprachentwicklungsstörungen
	Konzentrationsstörungen
	Eingeschränkte Lesefähigkeit
	Lese- und Rechtschreibschwäche
	Lernschwierigkeiten
	exzessives Suchtverhalten
	Stresssymptome
	Essstörungen
	Aufmerksamkeitsstörung (ADHS)
	(Ein-)Schlafstörungen
Seelisch	(Auto-)Aggression
	Depression
	Burn-Out
Sozial	Eingeschränkte Empathiefähigkeit
	Isolation/Vereinsamung
	Arbeitslosigkeit
	Schulden
	Scheidung

Depression der Fall ist. Die Einteilung in rein psychische Beschwerden ist daher gar nicht möglich, denn körperliche Symptome (etwa Herzrasen oder Bluthochdruck bei Depression) gehen oft mit den psychischen Beeinträchtigungen einher. Als soziale Folge ist im schlimmsten Fall mit Arbeitslosigkeit, Schulden und sogar Scheidung zu rechnen, etwa wenn eine Suchtstörung so weit geht, dass sie ähnlich wie bei einem Alkoholiker das gesamte Leben maßgeblich bestimmt und keine Hilfe in Anspruch genommen wird.

3

Erwachsene Vorbilder. Was uns das alles angeht

Unsere Elternaufgabe ist und bleibt die Sorge um und für unsere Kinder, und zwar besonders die, dass unsere Kinder später einmal gut für sich selbst sorgen können. Dazu gehört, dass sie lernen, sich selbst wahrnehmen zu können und für ihre Bedürfnisbefriedigung gut zu sorgen. Wir beginnen damit bereits im Säuglingsalter unserer Kinder, und der Trend in Deutschland geht mindestens seit der Einführung des Elterngeldes 2006 in die Richtung einer propagierten „intensiven Elternschaft" (Knauf 2019). Dieses neue Paradigma heißt nichts anderes, als dass die Bedürfnisse der Kinder in vielen Familien an die erste Stelle gesetzt werden und Erziehung als fordernde, viel Engagement beanspruchende Aufgabe verstanden wird. Die Studie zur intensiven Elternschaft beruht auf der Auswertung von Elternblogs bzw. "Familienblogs", die maßgeblich als meinungsbildend für Eltern angesehen werden (ebd.). Und dieser empirische Befund ist nicht

I. Haese, *Smartphonekids*, https://doi.org/10.1007/978-3-662-61802-8_3

zu leugnen. Wenn wir es uns leisten können, setzen wir uns bereits mit unseren Säuglingen intensiv auseinander – wir kriegen eingeimpft, wie wichtig das Stillen für das Bindungsverhalten ist; uns Eltern wird das Känguruhen empfohlen (das nackte Baby wird auf die entblößte Brust gelegt, um Bindungsverhalten zu stimulieren); sein Baby schreien zu lassen geht gar nicht (wie konnten die eigenen Eltern das nur tun?) und ein Jahr Elternzeit bedeutet auch ein Jahr Zeit für das Baby zu haben. Im Idealfall natürlich – und wenn die Eltern dabei keine Blogs schreiben und permanent von sozialen Medien abgelenkt werden. Denn durch die Digitalisierung ist noch eines möglich geworden: Erwerbsarbeiten und Sorgearbeit parallel auszuführen. Eine Bekannte verdient mit ihrem Still-Blog ein ordentliches Auskommen, aber dass sie durch den Arbeitsaufwand, den das Beschreiben von Still-Bedeutung und Still-Gimmicks verursacht, weniger Zeit für ihr Kind hat, bemerken die Leser:innen erstaunlicherweise nicht. Viele Worte um das richtige Verhalten zu machen ist das eine, es selbst auszuführen das andere. Wenn ich mein eigenes Schreiben betrachte, sehe ich diesen Widerspruch: Ich schreibe zwar selten, wenn die Kinder zu Hause sind, aber geht es einmal nicht anders, dann werden alle anderen Dinge beiseitegeschoben und die Kinder vor einem Hörspiel geparkt, denn ein Artikel will beendet oder einer Kollegin geantwortet werden. Die ausgeschütteten Stresshormone, die durch den Spagat entstehen (Familie und Beruf vereinbaren zu wollen ist bekanntlich immer ein Spagat), sind besonders unvereinbar mit dem Umsorgen von Kindern. In Phasen extremer Arbeitsbelastung kam es vor, dass ich am Nachmittag zu müde war, um mich den Auseinandersetzungen um die Tabletnutzung meines Sohnes zu stellen. Auch die Kassiererin in meinem Supermarkt wird müde lächeln, wenn ich sie nach dem Paradigma der intensiven Elternschaft frage. Und die Bloggerinnen, die so engagiert ihre minutiösen Erziehungstipps präsentieren, sind sicherlich keine Super-Women mit vier Händen, die ihren Kindern zeitgleich vorlesen können. Anstatt eine bedürfnisbefriedigende Mutter oder ein solcher Vater zu sein, sind diese Eltern im bloggenden oder postenden Moment nichts weiter als geistig abwesende Eltern – körperlich nah, und doch so fern. So steht das verkündete und beschworene Paradigma der „intensiven Elternschaft" im krassen Widerspruch zum Alltagsgeschehen und zu den realen Lebensbedingungen von Vätern und Müttern im 21. Jahrhundert. Vielleicht ist die intensive Elternschaft – die Lebensform einer kindzentrierten Familie – sogar eine paradoxe Utopie, die der Digitalisierung innewohnt, etwa wie ein Wunsch, der in unerreichbare Ferne gerückt ist und doch unser Handeln bestimmt. Denn um nichts in der Welt wollen wir, will jede/r von uns, alles richtig machen in der Erziehung unserer Kinder. Deshalb nehme ich vorweg, dass jeder Erziehungsstil seine Berechtigung hat und jedes für sich gewählte Paradigma der jeweiligen Familien letztendlich auch zugutekommt. Ob ganz ohne Smartphone oder mit Tablet und PC in jedem Zimmer: Warum Familien ihren Sprösslingen die Geräte anvertrauen und mit welcher liberalen oder rigiden Vergabepraxis dieses Anvertrauen gehandhabt wird, steht hier nicht zur Debatte. Egal, wie sich eine Familie zum Thema elektronische Medien positioniert, es gibt schlicht einige Grundregeln, die für alle gelten sollten (mehr dazu werden Sie im anschließenden Kapitel lesen) und es gibt einen zentrales Element, das in allen Familien beleuchtet werden sollte: Das sind Sie. Sie sind das Vorbild. Ihre Handlungen – und wirklich im wörtlichen Sinne: *Hand*-lungen – sind prägend für den Nachwuchs (Logisch: Ein Gerät, in der Hand…). Wir Erwachsene, die wir selbst Bildschirmmedien nutzen, können unseren Kindern den Umgang mit den Errungenschaften unserer Zeit nicht verbieten. Aber wir können diesen Umgang kindgerecht gestalten, und das geht nur, indem wir auch uns selbst einschränken. Und seien wir ehrlich: Müssen wir wirklich auf den Facebook-Post reagieren, Instagram noch einmal checken, die Telegram-Nachricht beantworten? Oder sind wir nicht selbst auch ausgeglichener, wenn wir uns an eine gemeinsam vereinbarte bildschirmfreie Zeit halten?

Zum Glück erweisen sich Grundschulkinder gerne als Polizisten in der Familie. Im Grundschulalter schulen Kinder ihr Regelverständnis, und dazu gehört das mitunter strenge Überwachen der Einhaltung von bestimmten Regeln. Mein Sohn regte sich mit etwa sieben Jahren darüber auf, wenn ich es gewagt hatte, ohne Sicherheitsgurt das Auto zu starten. Und genauso verhielt es sich mit den Regeln zur Mediennutzung: Sobald ich drei Minuten zu lange mit meinem Smartphone beschäftigt war, bekam ich Schelte von meinem Sohn, dass ich „die ganze Zeit" auf mein Handy starren würde. Wehe, ich wagte es, am Esstisch das Smartphone zur Hand zu nehmen. Er wusste sofort, dass ich damit gegen die Familienregeln verstoße. Gott sei Dank! Denn so wurde mir mein Smartphonegebrauch doppelt stark vor Augen geführt. Inzwischen ist mein Sohn elf Jahre alt und von seiner Polizistenrolle ist nicht mehr viel übrig, denn auch er möchte inzwischen ungestörte Zeit am Bildschirm verbringen. Aber umso stärker gelten nun die Regeln im Umgang mit Smartphone und Co, an die sich auch die Erwachsenen halten müssen. Die Grundregeln lauten: Am Esstisch gibt es kein Smartphone, ab 18:00 Uhr ist handy-freie Zeit. Für alle. Und für die Erwachsenen in Gemein-schaftsräumen. Denn so einfach die Regel klingen mag, so schwer ist sie doch umzusetzen. Natürlich kommt um 18:20 ein wichtiger Anruf. Und die Freundin schreibt abends, wo wir uns treffen, und dann suche ich noch schnell auf Google Maps den besten Weg heraus, oder ich wollte noch nachschauen wann der Film läuft.

Aber wir Erwachsenen sind die einschlägigen Vor-bilder für unseren Nachwuchs. Wenn wir unseren WhatsApp-Konsum nicht im Griff haben, können wir von unseren Kindern nicht verlangen, dass sie ihr Spielgerät aus der Hand legen, sobald wir es für notwendig erachten. Denn wir selbst handhaben Smartphones und Tablets, also alle Bildschirmmedien, meist unkontrolliert und intuitiv: *Ich gucke nur mal schnell* wo das ist, was dieses heißt, wann jenes kommt. Diese Regellosigkeit hat einen negativen Vorbildcharakter, denn sie suggeriert dem Kind, dass die grenzenlose Nutzung von Bildschirmmedien zum All-tag dazugehört wie das morgendliche Frühstück. Mein Sohn fragte mich nach dem Aufstehen bereits: „Kann ich ganz kurz auf deinem Handy spielen?", obwohl er genau wusste, dass die Antwort negativ ausfallen wird. Aber man kann es ja trotzdem noch einmal versuchen, schließlich hatte ich es ihm auch schon einige Male erlaubt (und dachte noch, Ausnahmen würden die Regeln bestätigen).

Dass unsere Kinder in einem bestimmten Alter so gerne Polizisten spielen und auf Regeleinhaltung achten, können wir uns zu Nutze machen, indem wir Regeln aufstellen. Denn es ist unser Verhalten, das die Kinder imitieren, wenn sie grenzenlos daddeln und surfen wollen. Und sie nehmen ganz genau wahr, ob wir uns an die Regeln halten können, die wir für sie geltend machen. Wenn Sie etwa Ihr Smartphone als Wecker benutzen (was ganz viele Menschen machen, das steht außer Frage!), nimmt Ihr Kind wahr, dass dieses Gerät das Wichtigste überhaupt in Ihrem Alltag ist. Schon die ganz Kleinen lernen: Dieses Gerät ist nicht nur tagsüber immer dabei und zieht oft Ihre Aufmerksamkeit auf sich, sondern auch abends kommt dieses Gerät mit ins Bett. Dieses Gerät ist für Sie in den Augen des Kindes adäquat mit seinem eigenen Schnuller oder Lieblingskuscheltier. Das Kind merkt, dass Sie nervös werden, wenn Sie Ihr Gerät nicht zur Hand haben oder es nicht gleich finden. In der Welt des kleinen Kindes ist das Gerät also überlebenswichtig für Sie. So wachsen Kinder heutzutage auf, es ist ihre Normalität. Aber wir Erwachsene müssen diese Normalität hinterfragen. Es gibt diese Normalität erst seit wenigen Jahren, und allen, die behaupten, dass Kindererziehung heutzutage zu sehr problematisiert und theoretisiert wird, schließlich kriegten die Menschen seit Jahrtausenden Kinder, denen sei gesagt: Die Errungenschaften der modernen Industriegesellschaft sind erst wenige Jahrzehnte alt und wir sind mit einer so komplexen Gesellschaft konfrontiert, dass wir uns mit Fragen der optimalen Erziehung auseinandersetzen *müssen*.

Die gefährlichen Gewohnheiten der Erwachsenen

…im Straßenverkehr

Hunderte Unfälle passieren inzwischen, weil ein:e Radfahrer:in, Fußgänger:in oder gar Autofahrer:in gerade vom Display abgelenkt ist. Die wichtigste Prävention für Ihr Kind heutzutage, sich vor Unfällen zu schützen, ist vermutlich nicht mehr nur der Fahrradhelm und die Fahrradprüfung in der 4. Klasse, sondern genauso gut der bewusste Umgang mit der Handynutzung und das Infragestellen von Gewohnheiten, die sich offenbar sämtliche Erwachsene angeeignet haben. In Südkorea gibt es bereits Icons auf dem Fußgängerweg, die Fußgänger:innen vor dem gesenkten Smartphone-Blick warnen – ein Warnhinweis, der vor Unfällen schützen soll. Immer mehr abgelenkte Fußgänger:innen – ganz zu schweigen von abgelenkten Autofahrer:innen – kommen auf unseren Straßen zu Schaden. Tatsächlich gab es bis jetzt kaum Zahlen über diesen Unfallgrund der „digitalen Ablenkung", da diese Ursache in den Verarbeitungssystemen der Polizei derzeit noch nicht erfasst wird. Aber eine Studie des Autoclubs „Mobil in Deutschland" hat die Zahl der von Handys abgelenkten Autofahrern erhoben. Ihre Berechnung ergibt, dass 500 Verkehrstote auf das Konto von abgelenkten Fahrer:innen gehen (Der Tagesspiegel 2016). Forschende, die über Unfallprävention nachdenken, sind weltweit alarmiert. Daten aus den USA legen nahe, dass die Zahl der durch "mobile phone usage" verursachten Unfälle von Fußgängern von 559 im Jahr 2004 auf 1506 im Jahr 2010 gestiegen sind, und eine Studie der Universität Washington fand heraus, dass ein Drittel der Stadtbewohner:innen ihre Smartphones an gefährlichen Kreuzungen benutzen (Kim et al. 2018).

Deshalb ist eine Dimension der digitalen Fürsorge auch die Unfallprophylaxe im Straßenverkehr: Mache ich mir mein Smartphoneverhalten bewusst, so kann ich den reflexhaften Blick zum Bildschirm abwenden, bevor er mich ablenkt. In Südkorea wird das Problem kurzerhand digital gelöst: Dort wurde die App "Smombie Guardian" entwickelt und getestet, eine Art Schutzengel-App für Smartphone-Zombies. Smombie Guardian funktioniert wie die Software in selbstfahrenden Fahrzeugen, indem sie das aktuelle Umfeld auf Hindernisse scannt. Tatsächlich soll "Smombie Guardian" abgelenkte Smartphonenutzer:innen vor auftauchenden Gefahren im Straßen- und Fußgängerverkehr warnen, entweder mit einem plötzlich aufblinkendem, roten Rahmen auf dem Display oder einem Warnsignet, das wie eine Viruswarnung im Vordergrund aufpoppt (Kim et al. 2018). Interessant ist die Art und Weise, wie "Smombie Guardian" vorgeht: Die Erfinder:innen gehen von einem Nutzer oder einer Nutzerin aus (in diesem Fall tatsächlich einem Nutzer), der oder die mit gesenktem Kopf durch seine Umwelt läuft. Denn erst durch den schräg eingenommenen Winkel, den die Handykamera in im Verhältnis zur Straße hat, kann die App funktionieren. Diese Annahme macht eine Grafik anschaulich, die zeigt, welchen Winkel die Handykamera einnehmen muss, damit der Umgebungsscan einwandfrei funktionieren kann (Abb. 3.1).

Eine App, die bereits an den gefährlichen Gewohnheiten der Erwachsenen als Ausgangssituation ansetzt, soll also Abhilfe schaffen, um Risiken im Straßen- und Fußgängerverkehr zu schmälern. Natürlich sind solche Apps eine riskante Angelegenheit, denn sie wiegen uns in einer Sicherheit, die sie nicht zu 100 % einhalten können. Hebe ich mein Smartphone unbewusst zu hoch oder zu niedrig, kann dies der Augenblick sein, in dem

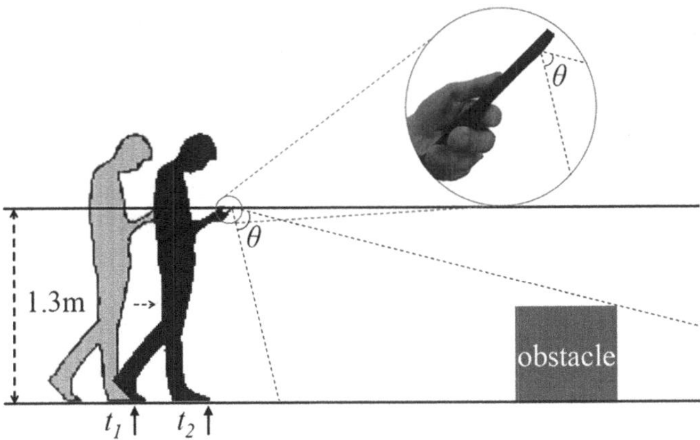

Abb. 3.1 Grafik aus der Nutzerstudie von „Smombie Guardian": *Ein Hindernis, das bei jedem Schritt erfasst wird.* (Quelle: Kim et al. 2018, Fig. 4)

ein rasender Rollerfahrer oder ein radelndes Kind nicht gescannt wird. Es ist wie mit dem Zebrastreifen, den ich nicht betrete, so lange ich keine Bremsbereitschaft bei dem herannahenden Auto erkennen kann.

In unserer Familie versuche ich, analog anzusetzen. Es gibt ein Spiel, das ich mit meinen Kindern unterwegs spiele. Es heißt "Smartphonecounter". Wir spielen es zum Beispiel, wenn wir in der U-Bahn unterwegs sind, mit dem Bus oder im Auto. Und das geht so: Wer als erstes jemanden mit gesenktem Kopf über dem Display sieht, bekommt zehn Punkte. Ein Nutzer nur mit Kopfhörern ergibt fünf Punkte. Eine Handy-am-Ohr-Nutzerin: Fünf Punkte. Wer einen Straßenüberquerer mit Blick aufs Smartphone als erstes sieht: Satte zwanzig Punkte. Im Grunde bedeutet das Spiel, dass derjenige, der die meisten Leute am Handy erblickt, gewonnen hat. Und es ist erstaunlich, wie viele Punkte wir verteilen können. In der U-Bahn sind wir oft fassungslos, wie viele Smombies wir zählen können. Meine Tochter hatte schon so viel

Spaß an diesem Spiel, dass sie schon auf dem Weg zum Kindergarten anfing, Punkte zu sammeln. So viele Menschen sprangen ihr ins Auge, die beim Gehen auf ihr Display starrten. Dieser spielerische Umgang ist eine gute Methode, um den Kindern das sonderbare Verhalten der Erwachsenen bewusst zu machen und die permanente Smartphonenutzung von Fußgänger und Radfahrerin als etwas Atypisches zu betrachten. Die Kinder lernen: Das Smartphone gehört zum Alltag, ja, aber ihm immer und überall Beachtung zu schenken weicht von einem gesunden Verhalten im Straßenverkehr und auf Fußwegen ab.

…beim Streamen

Aber es gibt auch andere erwachsene und ungesunde Gewohnheiten im Umgang mit smarten Medien, die unsere Kleinen schon früh nachahmen oder sich später aneignen. Das Serien-Streamen, in Dauerschleife "Binge-Watching" genannte Konsumieren von Netflix-, Sky- oder Amazon-Serien ist in den letzten zehn Jahren zum populärsten Hobby überhaupt avanciert. Beinah die Hälfte der unter Dreißigjährigen (46 %) gab 2018 an, für ein Streaming-Portal Geld auszugeben, bei den unter Fünfzigjährigen waren es immerhin schon 39 % (t-online.de 2019). Und mit neuen Anbietern, die 2020 den Markt erobern, setzt sich das Wachstum der Branche fort. Die Sehgewohnheiten der Erwachsenen haben Auswirkungen auf unsere Kinder, denn auch ihr Verhalten gleicht sich einem Streamen in Dauerschleife an: Beim Streamen gibt es keine festen Fernsehzeiten mehr, die einen Anfang und ein Ende kennen oder in Familienrituale eingebettet werden. Erinnern wir uns an die Kindersendung „Löwenzahn" mit Peter Lustig, der an jedem Ende seiner Sendung am Sonntagmittag noch die Hand zum „Abschalten-nicht-vergessen!" gehoben hatte. Obwohl Kindersender wie KIKA auch online über den Livestream geschaut werden könnten, greifen die meisten Eltern inzwischen auf Streaming-Portale oder YouTube-Videos zurück, die auf allen möglichen digitalen Endgeräten abgespielt werden können, wenn die Kinder etwas schauen dürfen. Die Disziplin, die ein solches Sehverhalten erfordert, ist Kindern allerdings schwer abzuverlangen: Sie klicken auf den nächsten kleinen Film, der aufpoppt, oder bei YouTube von selbst startet. Das Wegklicken und „Abschalten" allein ist nicht so schwierig, wenn es ritualisierte Sehgewohnheiten gibt, die eine zeitliche Begrenzung von vorn herein nahelegen. Und so überträgt sich die Sehgewohnheit der schwer zu unterbrechenden Dauerschleife schon auf die Jüngsten, obwohl diesem ein höheres Suchtpotenzial zugrunde liegt als dem linearen Fernsehen. So zumindest argumentiert das Rheingold-Institut in einer Studie zum „Kulturumbruch der Videonutzung", das die Mediengruppe RTL Deutschland in Auftrag gegeben hat:

> „Nutzer erleben sich als Medien-Avantgarde und sind stolz auf ihre Binge-Watching-Erfolge. Allerdings kaschieren sie, dass sie sich für viele Stunden weitgehend stilllegen und suchtartig in parallele Welten eintauchen, die ihnen Erlebnissteigerungen versprechen, die bislang den persönlichen Tagträumen vorbehalten waren. Durch die ausgeprägte Nutzung befinden sich Zuschauer voll konzentriert und ohne jegliche Ablenkung in einer Traumblase, in der Regel alleine und sind sozusagen „lost im Stream"." (Rheingold Institut 2018)

Das „suchtartige" Eintauchen in „parallele Welten", womöglich allein und isoliert, und Erlebnissteigerung bis hin zur Alltagsflucht: Jeder, der sich selbst schon in Serien vertieft hat, kennt Ansätze von dieser Beschreibung.

Zutreffend ist sie in ihrer Totalität aber nur, wenn das Serien-Streamen die einzige Freizeitbeschäftigung geworden ist und es nur noch wenige Möglichkeiten gibt, sich dieser zu entziehen. Erzählungen wie die eines Freundes, der neben seiner Frau auf dem Sofa sitzt, während beide stundenlang ihre Laptops vor sich haben und jeder über Kopfhörer seine eigene Serie Folge für Folge schaut, machen aber hellhörig. In solchen Fällen wird Streamen tatsächlich zu einer isolierten Beschäftigung ohne Austausch und kann durch die extreme und dauerhafte Alltagsflucht sogar zu einer Sucht führen. Zudem wachsen Kinder in Haushalten, in denen übermäßiges Streaming zur Alltagsbewältigung gehört, mit einem grenzenlosen Dauer-Konsum von Medien auf, der ohne Kommunikation auskommt, im schlechtesten Fall sogar ohne jegliche Auseinandersetzung mit den Inhalten. Für Erwachsene mag das tragisch und ungesund sein, aber für die kindliche Entwicklung ist eine Auseinandersetzung über ihre wahrgenommenen Medieninhalte essentiell. Zu einer kommunikativen Aufarbeitung von Inhalten gehören Fragen an die Kinder wie diese: *Was hast du gesehen? Warum war das spannend für dich? Warum hattest du Angst? Warum tat dir XY leid, und warum konntest du dich für XY freuen?* Für die gesunde psychische Entwicklung von Kindern ist dieser Austausch sogar unabdingbar, denn Kinder müssen lernen, ihre Gefühle zu benennen und brauchen dafür den Spiegel der Erwachsenen. Es ist also das eine, die Kinder Videos per Streamingdienst konsumieren zu lassen, aber das andere, wie wir in der Familie damit umgehen. Wir Eltern müssen dafür sorgen, digitales Fernsehen zeitlich genauso in Familienrituale einzuflechten wie lineares Fernsehen. Im Idealfall schauen wir gemeinsam mit den Kindern eine Serienfolge oder einen Film an – mindestens aber sollten wir mit ihnen darüber sprechen, was sie sich anschauen und was sie dabei erlebt haben.

... beim Kommunizieren

Eine weitere Angewohnheit von Erwachsenen, die sich auf das Nutzungsverhalten der Kinder auswirken kann, ist das unaufschiebbare, sofortige Antworten auf eingegangene Nachrichten. Leider hat sich eine ungeduldige und möglichst zeitnahe Taktung von Antworten längst als guter Ton in der Kommunikation zwischen Erwachsenen eingeschlichen. Durch die lästige Angewohnheit der Social-Media-Dienste, Uhrzeiten des Gelesenwerdens anzuzeigen, erhöht sich der Druck des schnellen Antwortens. Wartet man einen ganzen Tag mit seiner Antwort auf den Wunsch nach einer Verabredung oder einer Auskunft, kann das mitunter schon zu so einer zweiten Nachfrage führen, ob man „noch da" sei. Und wer Nachrichtendienste wie Twitter nutzt, der will auf neue Tweets möglichst schnell antworten, die Halbwertszeit solcher Nachrichten ist bekanntlich sowieso gering. Die Frustrationstoleranz ist dabei verschieden ausgeprägt und höchst individuell. Der eine praktiziert schon seit Jahren digitales Detoxing und hat WhatsApp und Twitter abgeschafft, die andere antwortet binnen Minuten auf Nachrichten bei Facebook und Co, und das jedes Mal. Und auch die erwähnte gestiegene Arbeitsbelastung von Eltern enthält bereits die ständige digitale Erreichbarkeit – ganz zu schweigen von der Erfüllung einer unterschwellig wirkenden Erreichbarkeitserwartung von außen – die Überforderungsdebatten weiter anheizt. Was unsere Kinder beobachten, sind Erwachsene, die ihre Smartphones wie eine Verlängerung ihres Armes im Blick haben und die sich nicht erlauben, eine Reaktion aufzuschieben. In Familien mit Kindern sollten wir uns möglichst einen digitalen Aufschub erlauben und das Reiz-Reaktions-Schema bei Push-Nachrichten und eingegangenen Posts hinterfragen. Wer bemerkt, dass jeder akustische Reiz oder jede eingegangene

Chatnachricht einen Blick auf das Display verursacht, sollte alle Benachrichtigungstöne abstellen und in den App-Einstellungen die Funktion „Mitteilung erlauben" deaktivieren. Nur so entgeht man der Belohnungsfalle im Gehirn, die bei jeder eingegangenen Nachricht aktiviert wird.

Der Pausenfüller: Daddeln zwischendurch

Es ist vermutlich nicht schädlich, schon kleinere Kinder unter sechs Jahren ab und zu „daddeln" zu lassen. Aber bitte nicht ohne Aufsicht! Es gehört inzwischen zu unserer Normalität, dass Kinder ihre Eltern erweichen, endlich am Smartphone spielen zu dürfen, und dann wird endlich drauflos gedaddelt. Das Wort kommt übrigens aus dem Norddeutschen und hatte einmal die Bedeutung, am Spieleautomaten zu spielen. Das hat sich grundlegend geändert, heute meinen wir im Grunde sinnfrei verbrachte Zeit am Smartphone, wenn wir von „daddeln" sprechen. Andere nennen es zocken oder gamen. Dabei braucht niemand ein schlechtes Gewissen zu haben, daddeln kommt in so gut wie allen Familien vor. Wenn wir im Restaurant sitzen und niemand mehr Lust hat, sich Fanta-Strohhalmblasen von der Hose abzuwischen und die herum rennenden Kinder zu suchen, gebe ich es schließlich – aber wirklich erst NACH dem Essen und wenn alle anderen Beschäftigungen wie malen und lesen ausgeschöpft sind – als Beruhigungspille her, das mütterliche Smartphone mit einigen, wenigen Spielen drauf. Sofort herrscht Stille, traute Zweisamkeit entspinnt sich zwischen dem beruhigten Elternpaar – die Kinder daddeln. Als Pausenfüller in Situationen, in denen keiner mehr die Nerven hat, sich um Autorität zu bemühen, sind solche Ausnahmen natürlich erlaubt. Auf Zugreisen etwa können sich Eltern das Spielgerät kaum mehr wegdenken, wenn sie ungeduldig stundenlange Warterei ertragen müssen. Niemand braucht sich in unserer von elektronischen Medien bestimmten Welt schlecht zu fühlen, wenn er sein Kind ab und an mit dem Smartphone beschäftigt. Aber wehe dem Ende dieser grandiosen Pausenclownerie! Meist sind dann noch mehr Nerven zu mobilisieren, um das Handy wieder in die eigene Hand zu bekommen. Schreiende, ja, manchmal rasende Kinder sind oft das Ergebnis von Daddel-Pausenfüllern. Deshalb ist das oberste Daddel-Gebot: Setzen wir unsere Smartphones als Beruhigungspille wohldosiert ein, um einen Gewöhnungseffekt zu vermeiden. Denn bei Gewöhnung hilft wie bei echten Pillen nach kurzer Zeit nur eine höhere Dosis, um den erwünschten Effekt zu erzielen und die Wut wird umso größer, wenn der Spaß zu Ende ist – und damit wächst das Unverständnis dem Kind gegenüber, und damit nur wieder das schlechte Gewissen.

Wichtig ist dabei, dass wir unsere Bildschirmmedien erst rausrücken, wenn uns nichts Besseres mehr einfällt und sämtliche Beschäftigungsideen für das Kind bereits ausgeschöpft sind, und es nicht etwa als Trostpflaster einsetzen. Auf dem Spielplatz bot sich meinen Kindern und mir am Nachbartischtennistisch folgendes Schauspiel: Ein Vater spielte mit seinen beiden Söhnen Tischtennis. Der Kleinere von beiden, vielleicht sechs Jahre alt, hatte sichtlich keine Lust, weil er der schlechtere Spieler war. Nach einiger Zeit stieß er sich an der Tischtennisplatte, fiel auf den Boden und fing an zu weinen. Der Vater kam und nahm ihn hoch. Der Junge aber blieb untröstlich und weinte. Da gab der Vater ihm zur Beruhigung sein Smartphone, und der Bub strahlte. Er setzte sich beruhigt auf die Bank hinter uns, begann sein Spiel. Er war so stolz, dass er immer wieder zu seinem größeren Bruder hinrannte, um ihm den Bildschirm zu zeigen, während Vater und Sohn zu zweit weiterspielten. Was hatte der Junge nun gelernt? Erstens, dass das Smartphone ihn beruhigen kann, mehr noch als der Vater. Und zweitens, dass es sich nicht lohnt, sich beim Tischtennis anzustrengen, wenn er doch im virtuellen Spiel besser brillieren kann. Und was merkt sich das Gehirn? Wenn es mir schlecht geht, brauche ich ein Smartphone.

Es ist immer die bessere Lösung, das Kind länger auf dem Spielplatz, Pausenhof, im Spiel mit anderen oder beim Malen zu beschäftigen bzw. es auch mal seiner Langeweile zu überlassen, als ihm ein Bildschirmmedium in die Hand zu drücken. Was denken Sie, wird Ihrem Kind später im Gedächtnis bleiben, wenn es sich an lange Zugfahrten erinnert? Wenn es Filme schaut, ist die Umgebung unwichtig. Nicht aber, wenn es in den Zugabteilen mit anderen Kindern Verstecken gespielt hat. Oder wenn es sich im Restaurant an den Tresen geschlichen hat und schließlich einen Lolli vom Barkeeper geschenkt bekommt. Wir dürfen unseren Kindern dieses selbstständige Ausfüllen von Wartezeiten und Langeweile nicht nehmen, wenn wir wollen, dass sich sein Erfahrungsschatz vergrößert und dass es sich zu einem kreativen, selbstbewussten Erwachsenen entwickelt.

Und trotzdem dürfen wir unseren Kindern die Spielgeräte überlassen, wenn es sich gut anfühlt. Gute Tipps für Spiele gibt es von der Chip Online-Redaktion, die regelmäßig werbefreie Spiele bewertet. Wenn Sie nicht wissen, was Ihr Kind spielen sollte, sehen Sie sich z. B. die Bewertungen auf der Seite www.app-geprüft.net an. Diese Seite von der Initiative Jugendschutz.net (die länderübergreifende Stelle für Jugendschutz im Internet) prüft, welche Spiele bedenklich sind und ob Spiele zu In-App-Käufen auffordern und Nutzertracking betreiben.

Anhand eines überschaubaren Ampel-Systems können Sie auf einen Blick erkennen, welche Spiele Sie Ihrem Kind zumuten wollen. Ich gebe zu, dass ich überrascht war, in sämtlichen Lieblingsspielen meines Sohnes die rote Ampel für In-App-Käufe oder für Werbung vorzufinden, als ich die Seite entdeckte. Bedenkenlos erwies sich laut Chip Online einzig das Nintendo-Spiel Super Mario Run. Ebenfalls eine gute digitale Fürsorge verspricht die Datenbank vom Deutschen Jugendinstitut, auf der Sie die Apps auf Herz und Nieren prüfen können, von Sicherheit und Datenschutz bis hin zur pädagogischen Empfehlung (www.datenbank-apps-fuer-kinder.de). Die Zeit, die eine solche Überprüfung kostet, lohnt sich im Zweifel sogar finanziell. Es kursieren genügend Erzählungen von leergeräumten Konten durch die spielenden Kinder, die sich „nur" eine bessere Spielposition bei Brawl Stars oder Fortnite kaufen wollten, so wie die eines Teenagers, der im Online-Modus von FIFA 18 sein Ultimate Team verbessern wollte und am Ende 3000 Euro über die mütterliche Kreditkarte verzockte (Siegfried und Wanders 2019, S. 40). Wenn wir das alte Sprichwort „Kleine Kinder, kleine Sorgen – große Kinder, große Sorgen" auf unsere heranwachsenden Kinder im Digitalzeitalter anwenden, dann bedeutet es: Je länger ich meine kleinen Kinder an Smartphone und Tablet daddeln lasse, desto schwieriger wird es für sie als Jugendliche, das Gerät beiseite zu legen.

Smartphones im Schlafzimmer?

Nehmen Sie das Telefon mit ins Bett? Dient es Ihnen gar als Wecker? Dann gehören Sie zur Mehrheit der Erwachsenen hierzulande. Aber wenn wir an unsere Vorbildrolle unseren Kindern gegenüber denken, macht sich diese Gewohnheit nicht besonders gut. Ein analoger

Wecker oder ein Radiowecker erfüllt auch einen passablen Weckdienst – Wecker sind mit Sicherheit weniger störanfällig als unsere Smartphones, und doch verlassen wir uns am liebsten auf unseren allseitigen Begleiter als auf ein eigens als Wecker ausgelegtes Gerät. Seltsam, oder? Könnten wir nicht generell auf unser Smartphone im Schlafzimmer verzichten? Wenn man partout nicht auf das Smartphone am Bett verzichten will, kann man den Flug- oder den Nachtmodus einstellen und sollte das Telefon außer Reichweite der findigen Kinder legen. Denn denken Sie immer daran: Ihr Kind wird größer und wird später mit seinem Smartphone ebenfalls ins Bett gehen wollen. Wenn die Vorstellung Ihnen Unbehagen bereitet, ihr Kind mit zehn oder elf Jahren mit dem Smartphone im Bett liegen zu sehen, dann verzichten Sie lieber auf den Smartphone-Wecker, auch wenn sich das erst einmal fremd und ohnmächtig anfühlt. Denn nichts anderes ist die Gewohnheit, das Smartphone mit ins Bett zu nehmen: Das Gefühl der Freiheit, jederzeit wieder „dabei" sein zu können, online zu sein, noch einmal den Chatverlauf studieren zu können. Zu können, nicht zu müssen! Das Gefühl, diese Macht zu haben, nehmen wir mit ins Bett. Studien über die sinkende Schlafqualität in Deutschland besagen, dass ein Drittel der Deutschen unter schlechtem Schlaf leiden (Ärztezeitung 2017). Darunter sind sicherlich der gestiegene Leistungsdruck in der Arbeitswelt mit hoher Arbeitsintensität und -dichte oder die allseits eingeforderte permanente Erreichbarkeit als wichtige Faktoren anzusehen, wie sie oben schon erwähnt wurden. Aber Fachleute sind sich einig, dass unsere Mediennutzungsgewohnheiten schädlich für unsere Schlafqualität sind. So schränkt der Gebrauch von Bildschirmmedien (darunter fallen auch E-Book-Reader!) mitunter durch das blaue Licht des Displays die Ausschüttung des Schlafhormons Melatonin ein (Chang et al. 2014). Zwar gibt es Apps zur Filterung von Blaulicht oder so genannte Nachtmodus-Einstellungen auf den Geräten. Doch es wird dennoch empfohlen, mindestens eine Stunde vor dem Zubettgehen auf Fernsehen, Handy oder andere Bildschirme zu verzichten. Denn es ist nicht nur das blaue Licht, das unser Gehirn in Aktivitätsbereitschaft versetzt. Schon die gedankliche Beschäftigung mit der Frage danach, wie spät es ist oder ob jemand auf eine Nachricht reagiert hat, reicht aus, um das Einschlafen oder das Weiterschlafen hinauszuzögern (Creighton 2014).

Bei Kindern und Jugendlichen kommt diese Störung immer häufiger vor, und hier sind wir Eltern als Vorbilder stärker gefragter denn je. Kinderärzte schlagen bereits Alarm, da die Einschlafschwierigkeiten von Jugendlichen in den letzten Jahren deutlich zugenommen haben: Laut Ärzteblatt vom Juli 2018 hat sich der Anteil der 15- bis 19-Jährigen mit ärztlich diagnostizierten, nicht organisch bedingten Schlafstörungen in den Jahren von 2006 bis 2016 mehr als verdoppelt! Das ist eine beunruhigende Zunahme, denn bedenken wir, dass unsere Gesellschaft immer älter wird und wir auf die körperliche und seelische Gesundheit unserer Sprösslinge mehr als angewiesen sind, dann ist eines klar: Schlafstörungen im Jugendalter führen nicht gerade zu einer gesunden Leistungsfähigkeit im Erwachsenenalter. Dass die eingeübte Dauernutzung von Smartphones, gerade am Abend, eine Rolle für den Schlaf spielen, ist eine bewiesene Tatsache. Manfred Spitzer weiß dazu: „Wer sich mit digitalen Medien den Schlaf raubt, begeht keineswegs einen Kavaliersdelikt, sondern ein schweres Verbrechen an seinem Körper" (Spitzer 2012, S. 261).

Wenn wir unsere eigene Smartphone-Nutzung hinterfragen und Zeiten bzw. Räume zur bildschirmfreien Zone erklären, werden unsere Kinder die Einschränkungen, die sie selbst betreffen, viel besser einhalten können und vielleicht sogar verstehen, dass solche Zonen gut für unsere Familien sind. Die Erkenntnis, dass Smartphones im Bett nichts zu suchen haben, mag uns hart erscheinen. Aber für eine gesunde Schlafkultur, die wir unseren Kindern vorleben sollten, ist sie unerlässlich.

Nachsicht ist erlaubt!

Diese Überlegungen stoßen uns Smartphonenutzer:innen und Eltern des 21. Jahrhunderts sauer auf. Denn sie rufen nach einem schlechten Gewissen, wenn wir es mal wieder nicht geschafft haben, im stressigen Alltag auch noch auf die Smartphone-Regeln zu achten. Wenn wir uns dabei erwischen, schon wieder am Esstisch eine schnelle Nachricht abgeschickt zu haben. Schon wieder nur mal schnell die App für die richtige Musik aufgerufen haben, noch eine Adresse recherchiert und nach den Abfahrtszeiten der Bahn geschaut haben. Und das Kind an der Hand, das quengelt und ein Spiel spielen will und man einfach nur seine Ruhe haben will: Natürlich gibt es diese Situationen in unser aller Normalität. Wir sollten nicht zu streng mit uns sein, denn das erhöht den Druck auf uns Eltern und damit auf unsere Kinder. Es ist vor allem das Bewusstsein über die anderen, vermeintlich besseren Eltern, die es schaffen, die „intensive Elternschaft" und alle Smartphone-Regeln trotz ihrer Arbeit umzusetzen, das uns noch zusätzlich unter Druck setzt. Aber es geht nicht darum, eine perfekte Form der digitalen Fürsorge umzusetzen, sondern darum, eine Haltung einzunehmen. Und die beginnt mit der Einstellung, die man sich selbst gegenüber einnimmt und lautet: "Don't blame yourself".

In meiner Familie kommt es immer wieder vor, dass meine Orientierung an der Maxime „So wenig digitale Medien wie möglich" an meiner eigenen Müdigkeit scheitert – niemand ist perfekt. Aber es gab auch Zeiten, in denen führte allein meine Ungewissheit wegen der möglichen negativen Auswirkungen, die die Displaynutzung bei meinen Kindern haben könnte, zu einem schlechten Gewissen, wenn ich meine Maxime nicht umsetzen konnte. Und zwar zusätzlich zu der vorhandenen Arbeitsbelastung. Alles richtig machen zu wollen ist meistens der erste Schritt, um es garantiert zu verbocken, weil dann gestresste Kinder des Ergebnis sind. Und die braucht niemand, denn sie verursachen noch mehr Stress, und in der Folge im äußersten Fall Kinderarztbesuche, Lerntherapien oder andere zeitintensive Reparatureinrichtungen. Deshalb sind Gelassenheit und Augenmaß das erste Gebot der digitalen Fürsorge, auch mit uns selbst und unseren Kapazitäten. Wir sollten den Merksatz „so großzügig wie möglich und so streng wie nötig" für die Einhaltung unserer eigenen Gebote erlauben.

Zudem sehen unsere Kinder auch andere Erwachsene, die ständig mit ihrem Smartphone hantieren. „Wenn Kinder in einer Welt aufwachsen, in der nicht nur die Eltern, sondern sogar fremde Erwachsene schlechte Vorbilder sind, dann macht das die Smartphone-Erziehung besonders schwierig" (Internet-ABC 2018), erzählt der Journalist Thomas Feibel, der eine Vielzahl ausgezeichneter Bücher zum Thema Kinder und Computer geschrieben hat. Als Vater von vier Kindern kam er schon früh mit den Risiken und Chancen digitaler Medien in Berührung. Zuletzt veröffentlichte er einen Praxisratgeber, der einen mit Comics und Bildern kindgerecht gestalteten Kurs zum Medienführerschein enthält (vgl. *Praktische Hinweise* in diesem Buch). Feibel plädiert für eine angemessene Güte im Umgang mit der Handynutzung, die es trotz Regeln auch geben muss. Und zwar sowohl für die Kinder als auch für Eltern. Eine flexible Handhabung von festen Regeln sei alltagstauglicher, als sich ständig schlecht zu fühlen, weil man sich innerlich wieder mal inkonsequentes Verhalten vorwirft (Feibel 2017). Das tun wir Tag für Tag genug: Ob es die Ernährung ist, die körperliche Bewegung, die ganze Optimierungswut um uns herum lastet oft genug auf dem Gewissen. Regeln und Grenzen zu vereinbaren ist das richtige Gebot, aber Nachsicht mit sich und den Kindern beim Einhalten der Regeln ist erwünscht. Es geht ja auch kaum anders: Mein Sohn will immer noch „ganz kurz zu Ende spielen!", wenn ich ihn an sein zeitliches Limit erinnere, und das darf er meistens auch. Oder wenn Freunde zu Besuch sind, denen mein Sohn ganz dringend das zuletzt heruntergeladene Spiel zeigen will – auch dann dürfen er und seine Kumpels stets ein wenig länger spielen als eigentlich erlaubt, weil sie sich sowieso abwechseln. Und dabei lernen sie ja auch wieder etwas Schönes, nämlich teilen können und geduldig sein. Aber ich bin keinesfalls zu gütig, denn mit jeder verlängerten Minute am Bildschirm kann auch der Stresspegel der Kinder ansteigen und dementsprechend verschlechtert sich die Laune proportional zur am Bildschirm verbrachten Zeit im Anschluss an die Spielzeit. Das kennen wir Eltern alle: Je länger das Kind am Bildschirm hängt, desto genervter ist es, wenn es sein Spielzeug weglegen soll und desto länger dauert die Phase des Runterkommens, also des analogen Klarkommens in der Welt.

Kaum Ausnahmen sollten vor allem für die bildschirmfreie Zeit bei gemeinsamen Mahlzeiten gelten. Hier lohnt es sich, mit gutem Vorbild voran zugehen und eindeutige Regeln für alle Familienmitglieder aufzustellen. Denn erstens ist das gemeinsame Essen (ob morgens, mittags oder abends) oft das einzige Familienritual im Alltag, an dem alle teilnehmen. Zweitens sollten Hauptmahlzeiten (auch aus ernährungswissenschaftlicher Sicht) bewusst zu sich genommen werden, und drittens besteht hier die Möglichkeit, ein positives Familienklima mit bildschirmfreier Zeit zu verbinden und wir Eltern können unserer Vorbildrolle ohne große Selbstbeschränkung gerecht werden – denn wer checkt schon gerne während des Spaghettiaufwickelns seine Chat-Nachrichten? Wenn mir selber das Smartphone beim Frühstück doch mal dazwischen kommt, dann lasse ich mich gerne von meinen Kindern an unser gemeinsam aufgestelltes Verbot erinnern und lege den Nervtöter schuldbewusst beiseite. Das lieben sie, schließlich ist es auch mal schön, die Rollen zu tauschen.

Auch Thomas Feibel setzt die Vorbildfunktion von uns Erwachsenen aus der Perspektive der genervten Kinder an die erste Stelle seiner Überlegungen – indem er deren O-Töne auffängt (ebd.). Es ist nämlich nicht nur so, dass die Kinder unser eigenes (grenzenloses?) Medienverhalten schlicht nachahmen wollen, sondern dass sie sich verletzt und vernachlässigt fühlen, wenn wir Eltern auf einen Bildschirm starren und „Ja, gleich, warte bis ich fertig bin" vor sich hin murmeln, statt ihnen zuzuhören. Oft haben unsere Kinder diese Worte schon als Kleinstkinder gehört und sie haben verinnerlicht, dass ihre Bedürfnisse hinter denen des kleinen Bildschirms zurückstehen sollten – so ist der Teufelskreis extrem früh wirkmächtig, der eine Smartphone- oder Internetsucht nach sich ziehen kann. Nur mit unserer Aufmerksamkeit, die wir der digitalen Fürsorge widmen, können wir eine gute Suchtprophylaxe leisten.

Die digitalen Vorteile für Eltern

US-Wissenschaftler:innen veröffentlichten 2015 eine Studie, in der sie die das Verhalten von Müttern und Vätern in sozialen Netzwerken untersuchten und ihr Verhalten mit

Nicht-Eltern verglichen. Die Autor:innen geben an, dass 75 % der Eltern als aktive Nutzer:innen von Sozialen Medien gelten, also Plattformen wie Facebook, Instagram, Linkedin oder Pinterest benutzen (Duggan et al. 2015). Woher sie die Annahme haben, dass Dreiviertel der Eltern diese Netzwerke aktiv nutzen, wird aus den Daten nicht klar, denn die Autor:innen geben an, dass 66 % der erwachsenen US-Bürger:innen mindestens einen dieser Dienste nutzen würden. Da Eltern zur jüngeren Generation zählen, kann diese Zahl vermutlich statistisch errechnet werden. Die Forscher:innen fanden heraus, dass Smartphones und Soziale Medien auf die "User" unter den Eltern positiven Einfluss haben: So gaben 80 % der Mütter und 65 % der Väter an, Unterstützung über die genutzten sozialen Netzwerke zu erfahren (ebd.). Bei aller Skepsis gegenüber der verbrachten Zeit mit Online-Plattformen, die leider nicht erhoben wird, ist die positive Resonanz der Eltern dennoch bemerkenswert. Offenbar können sie einen großen persönlichen Nutzen aus ihren Online-Aktivitäten ziehen, und diese korrespondieren wiederum mit einem steigenden Selbstwertgefühl, was auch den Kindern zugutekommt. An dieser Stelle würde Manfred Spitzer sicherlich auflachen, der die verbrachte Zeit von Eltern mit sozialen Medien als sinnlos geißeln und die Vorbildfunktion der Eltern anmahnen würde. Aber die Forscher:innen fanden auch heraus, dass Eltern überproportional häufig mit ihren Nachbarn in sozialen Netzwerken befreundet sind, was dafür spricht, dass sie sich ein soziales und analoges Hilfenetz über die sozialen Medien aufbauen und pflegen können. Gerade in Städten, in denen Nachbarschaften oft lose Verbünde sind, ist die digitale Kommunikation über soziale Netzwerke eine starke Erleichterung, im Kontakt zu bleiben oder sich abzusprechen, wenn Betreuungshilfe oder andere Dinge aus der Nachbarschaft benötigt werden. Allein die Möglichkeit, über Plattformen wie www.nebenan.de andere Eltern erst digital und dann real kennenzulernen ist eine grandiose Möglichkeit, in einer anonymen Nachbarschaft Kontakte zu knüpfen.

Smartphones und Tablets allseits zu verteufeln, wie es Medienskeptiker:innen tun, hilft also auch nicht weiter, sondern führt vor allem dazu, dass wir Eltern uns noch schlechter fühlen anstatt unterstützt. Die Vorteile des digitalen Arbeitens etwa, die sich durch technische Errungenschaften ergeben, dürfen gar nicht hoch genug geschätzt werden. Denn dann erlaubt die Skype-, Teams- oder Zoom-Konferenz, dass ich bei meiner kranken Tochter bleiben kann; das Home-Office ermöglicht die Partizipation an Arbeitsprozessen über die Cloud und Googledocs bei gleichzeitigem elektronischen Familien- management wie z. B. online einen Kinderarzttermin zu vereinbaren. Wird das Zuhausearbeiten dank Intra- net und digitaler Beteiligung an Entscheidungen in Firmen praktiziert, erfreuen sich Eltern einer deut- lichen Entlastung zugunsten der familiären Flexibili- tät. Oft sind es die starren Arbeitszeiten und die damit verbundenen anstrengenden und komplexen Weg- strecken von Eltern, die zusätzlich Stress verursachen, wenn Kinder Termine haben. Wird dann noch ein Kind krank, steht der ausgeklügelte Ablauf unserer Verein- barkeitspraxis auf dem Kopf und wir lernen erst recht die digitalen Errungenschaften und Erleichterungen zu schätzen. Wir sehen die digitalen Vorteile deutlich in der Corona-Homeoffice-Zeit, die im März 2020 begann. Auch Arbeitgeber, die bisher auf Präsenzzeiten setzten, müssen sich den digitalen Alternativen ergeben und ein flächendeckendes, durch Online-Kommunikationsplatt- formen und -methoden erweitertes Home-Office hin- nehmen. Die einzige Einschränkung, die mit diesen digitalen Vorteilen einhergeht, ist jene, dass wir sie im Bewusstsein der digitalen Fürsorge ausüben. Denn sonst verdoppelt sich eher die Arbeitsbelastung (Erwerbsarbeit plus Familienarbeit), ohne dass wir von den Vorteilen digitaler Arbeitsmethoden nachhaltig profitieren können – weil wir uns im Versuch, Arbeit und Familie mithilfe von Digitalisierungsvorteilen zu vereinbaren, erschöpft haben. Dazu zählen Verabredungen zu Skype-Konferenzen, obwohl das kranke Kind nebenan quengelt genauso wie die Verlockung, dem Kind ein Smartphone in die Hand zu drücken, um ungestört eine Aufgabe für den Job erledigen zu können. Tatsächlich erlebte ich den Corona-Shutdown als eine verstärkte Entgrenzung von Arbeit, weil Kolleg:innen voraussetzen, man sei ständig zu Hause und erreichbar. Die Teilnahme an Zoom-Konferenzen wird eher vorausgesetzt als die Fahrt zu einem Extra-Treffen, und Ausreden gibt es dank Ausgangsbeschränkungen keine. Da die Osterferien wegen Reiseverboten ausfielen, verzeichnete ich so viele Arbeitsanfragen in der Oster-woche wie nie zuvor. Verstärkt ist die Entgrenzung des-halb, weil sich die Grenzen zwischen Arbeit und Freizeit ohnehin mehr und mehr aufgelöst haben (dazu z. B. Kratzer und Sauer 2005), durch die Digitalisierung wird diese Entgrenzung jedoch ganz unmittelbar. Wer hier nicht gegensteuert und sich keine bewussten digitalen Auszeiten gönnt, spürt wenig von den Vorteilen der digitalen Arbeitsmöglichkeiten.

Die Praxis der digitalen Fürsorge sollte uns den All-tag anders erleichtern: Das kranke oder in Zeiten der Pandemie „kontaktgesperrte" Kind möchte sich mit dem Smartphone beschäftigen, was uns entgegen kommt, weil wir eine Aufgabe erledigen müssen. Also kann ich mit dem Kind einen Kompromiss aushandeln: Du darfst dir ein Hörspiel vom Streamingdienst aussuchen, das über die Bluetooth-Box im Kinderzimmer laufen kann, und ich arbeite in dieser gemeinsam vereinbarten Zeit. Das Smartphone wird so nicht gleichzeitig zum Daddelauto-maten. Der Unterschied zum gedankenlosen Überlassen des Smartphones liegt in der Haltung, die ich einnehme: Ich setze mich mit dem Wunsch des Kindes auseinander; ich zeige dem Kind, dass sein Wunsch gehört wird, aber ich lasse es nicht in eine Parallelwelt verschwinden, nur damit ich ungestört arbeiten kann. Sondern ich nehme mein Kind als ein Gegenüber wahr, mit dem ich einen Kompromiss aushandle, an den auch ich mich halten muss: Nach 45 Minuten gibt es eine neue Begegnung zwischen uns beiden.

4

Das Smartphonekid: Den Dämon fesseln

© Der/die Herausgeber bzw. der/die Autor(en), exklusiv lizenziert durch Springer-Verlag GmbH, DE, ein Teil von Springer Nature 2020
I. Haese, *Smartphonekids*, https://doi.org/10.1007/978-3-662-61802-8_4

Es kommt der Tag, an dem jedes Kind sein eigenes Bildschirmmedium besitzen wird. Wir sollten uns nur bewusst machen, ob der Zeitpunkt für dieses eine, individuelle Kind geeignet ist. Mein Sohn bekam mit acht Jahren ein schickes Tablet von seinen Verwandten geschenkt. Das war meiner Meinung nach viel zu früh! Aber mit den entsprechenden Regeln und Einschränkungen konnten wir den Alltag nach ein paar Tagen wieder ohne Konflikte und Tränen der kindlichen Wut fortsetzen. Immerhin richteten wir einen Eltern-Account ein und sorgten erst einmal für das Funktionieren im Offlinemodus. Nach der Probezeit musste es auch schon mal in den Schrank – weil es schlicht überfordernd war, jeden Tag aufs Neue die Grenzen durchzusetzen. Übrigens gehört das „jeden Tag aufs Neue" zu den Grundübeln, die es der Ausübung einer digitalen Fürsorge so schwer macht.

Als erstes waren wir alle begeistert von dem schicken, weißen Gerät, und mein Sohn scrollte im Appstore wie wild die unbegrenzten Spiel-Icons runter, so dass mir schwindelig wurde. Die Vorstellung, er wüsste mit dem Gerät noch nicht richtig umzugehen, entpuppte sich sogleich als mütterliche Naivität. Ich war verblüfft bis entsetzt, wie intuitiv und mit welcher Geschwindigkeit mein Sohn auf dem Display herumtippte und wischte. Natürlich kannte er Bildschirmmedien durch mein eigenes Smartphone und das meines Mannes und anderer Erwachsener. Dennoch ist die kindliche Gewissheit, sein eigenes Gerät zu nutzen, ein starker Motor, um alles wahrnehmen zu wollen, was sich ihm bietet. Und der ist bei App-Stores und Plattformen wie YouTube oder Netflix mit endlosen Scroll-Reichweiten eben unbegrenzt. Die visuelle Wahrnehmungsbereitschaft elektronischer Reize ist bei Kindern noch besser ausgeprägt als bei uns Erwachsenen, entsprechend schneller werden die Informationen verarbeitet – können aber auch schneller zu einer Überreizung führen. Noch mehr wunderte ich mich natürlich über meine damals fünf-jährige Tochter, die genauso schnell Bescheid wusste wie mein Sohn. Wir kennen das von Babys, die auf Bildschirm-medien herumwischen, als gäbe es für sie nichts anderes seit ihrer Geburt. Nun hatte ich meine Kinder bewusst in den ersten Lebensjahren davor bewahrt, und jetzt taten sie dennoch genau das, was ich jedes Mal als erschreckend empfand: Hektisch wischen und scrollen. Mein Sohn setzte sich der völligen Überreizung freudvoll aus, wollte alles auf einmal herunterladen und damit wir alle nur noch eins, nämlich völlig überfordert von den tausend Möglichkeiten einerseits und den Impulsen der erwachsenen Begrenzungs-wünsche andererseits. Aus heutiger Sicht kann ich über mein Unwissen von damals lächeln, aber damals kannte ich weder eine verbreitete Medienskepsis bei Eltern noch hinreichende Informationen darüber, wie ein gesunder Umgang von Kindern mit digitalen Geräten aussehen könnte. Es gab nur verhärtete Fronten: Entweder ganz oder gar nicht. Bis heute – es sind drei Jahre vergangen – hat sich viel getan: Inzwischen ist die Skepsis gegenüber Smartphones für Kinder ins öffentliche Bewusstsein gerückt und es werden immer mehr Tipps und Hilfestellungen zur besseren und kindgerechten Handhabe der Geräte angeboten. Auf jeden Fall bietet sich für Interessierte Eltern ein Blick auf die Checkliste von www.klicksafe.de an, die uns eine Einschätzung darüber gibt, ob unser Kind "fit" für ein eigenes Smartphone oder Tablet ist. Die Vorteile für ein Tablet als erstes Kindergerät liegen klar auf der Hand: Das Gerät ist zu groß, um es einfach in der Hosentasche ver-schwinden zu lassen oder ständig wieder herauszuholen. Es kann viel eher den Status eines Familiengerätes einnehmen, das alle nutzen dürfen, oder, wenn das Kind ein eigenes bekommt, in der Familienwohnung einen eindeutigen Platz bekommen, auf das es zurückgelegt werden muss. Damit schmälert man bereits das Risiko einer Dauerbeschäftigung.

Und natürlich ist das größere Display des Tablets für die Entwicklung von Kinderaugen viel besser geeignet als ein Smartphone.

Die Gerätehoheit

Eine ganz klare Absprache sollten wir mit unserem Nachwuchs gleich zu Beginn (oder besser noch vor) der Nutzung treffen: Egal, ob ein Kind das Gerät geschenkt bekommt oder man es selbst kauft, wir sollten uns klar machen, dass dieses Spielzeug wie ein geschenktes Auto ist und ein Führerschein erst erworben werden muss. Sprich: Wir Eltern sollten die Hoheit über das Gerät haben, bis das Kind ungefähr zwölf Jahre alt ist. Hoheit bedeutet, dass man den Nutzeraccount mit den Daten eines Elternteils anmeldet. Diese Erkenntnis ist die wichtigste, wenn ein Kind unter elf Jahren ein eigenes Gerät haben darf und wir digitale Fürsorge ernst nehmen möchten: Als Eltern müssen wir zuerst den Zugriff auf das technische Gerät haben. Später geht die Selbständigkeit des Kindes auch mit der eigenen Geräteherrschaft einher, aber sieben-, acht- oder neunjährige Kinder sollten wir mit allen Unannehmlichkeiten und Auseinandersetzungen, die es mit sich bringt, noch nicht frei über ein Gerät verfügen lassen. Es gibt mehrere Möglichkeiten, diese Gerätehoheit in die Tat umzusetzen: Da sind einmal die technischen Möglichkeiten, die uns erlauben, Zeitlimits oder die so genannten „Einschränkungen" einzurichten. Es gibt auch helfende Apps, die den Medienkonsum überwachen, und nicht zuletzt ist da die Möglichkeit des „Nutzungsvertrags". Die meisten Geräte verfügen inzwischen (bei Apple erst seit Ende 2018) über eine automatische Abschaltfunktion, die man entsprechend aktivieren und einstellen kann. Wenn diese technische Möglichkeit wegfällt, könnte man, gerade bei ganz jungen Kindern von vier oder fünf Jahren, erst einmal den Zugangscode unter Verschluss halten. Bei den

Größeren, also Kindern ab etwa sieben Jahren, ist dies im Alltag nicht mehr praktikabel, erstens weil das Kind jedes Mal vor Ihnen steht, wenn sich das Feld versehentlich wieder verdunkelt hat und der Zugang immer wieder von Ihnen freigegeben werden muss. Und zweitens, weil die die cleveren Kids gefühlt nach drei Versuchen jeden Zugangscode herausfinden. Ich benutzte zu Beginn einen Fingerprint oder Face-ID als Sperre – damit hatte ich zwar das Problem mit dem Geheimhalten gelöst, nicht aber das ständige Freischalten, wenn die Kinder ihr Spielkontingent nutzen wollten.

Im Klartext: Es gibt keine Möglichkeit, die ganz frei von Auseinandersetzungen ist, wenn die Kinder an ihrem eigenen oder dem Erwachsenengerät spielen dürfen und wir gleichzeitig unser elterliches Bedürfnis nach Sicherheit für die Kinder im Netz befriedigt sehen wollen. Denn auch mit der tollen „Bildschirmzeit"-Funktion, in der Zeitlimits sogar appweise festgelegt oder Inhalte blockiert werden können, ist die Auseinandersetzung um das Ein- und Aushalten von Zeitkontingenten nicht vom Tisch. Das smarte Gerät kann die Ambivalenzen unserer Zeit nicht lösen, es bündelt sie vielmehr und liefert unsere Kinder genau der Welt aus, in der wir leben. Um diese Auseinandersetzung und wie wir ihr in der Familie begegnen können geht es auf den folgenden Seiten.

So spät wie möglich – und so früh wie nötig

Viele Eltern sehen als Grund, ihrem Sprössling schon früh ein Smartphone zu überlassen, den sozialen Gruppendruck in der Schulklasse oder in anderen Gruppen, denen das Kind angehört. Oft erklärt das Kind über Monate hinweg, dass alle in der Klasse bereits ein Smartphone besitzen würden und wir Eltern fühlen uns schlecht, wenn wir dem Kind einen für uns selbstverständlich gewordenen Zugang zum Klassenchat oder anderen Kommunikationskanälen verwehren. Natürlich haben in den seltensten Fällen wirklich alle ein Smartphone. Doch die Zahl der Kinder mit eigenen Smartphones wächst stetig an, als Statussymbol ist es längst etabliert. Mit dem eigenen Smartphone ist übrigens nicht das geschenkte Tablet vom Onkel gemeint (das mit dem elterlichen Nutzeraccount läuft), sondern das eigene Smartphone steht für den selbständigen und autonomen Gerätegebrauch des Kindes und damit auch für die Preisgabe der Daten des Kindes zur Nutzung des Gerätes. Laut einer Erhebung der Bitkom Deutschland stieg der Smartphonebesitz bei den Zehn- bis Elfjährigen von 57 % im Jahr 2014 auf satte 82 % im Jahr 2019 (vgl. Kap. 1, Abb. 1.1). Das sind ja fast alle! Und es sind genau die Zahlen, die uns Eltern verunsichern: „Die große Mehrheit also nutzt ein Smartphone und mein Zehnjähriger könnte abgehängt werden." Oder aber, auch diese Gedanken sind uns Eltern nicht fremd: „Was sind das für Kinder, die da schon ein Smartphone haben? Sind es nicht die Zappelphilipps, die den Anschluss in der Schule verlieren, die den ganzen Tag Fortnite spielen dürfen? Sind das nicht die Aggressiven?" Oder gar: „Muss man da nicht mithalten? Werden die Smartphonekids selbständiger? Unabhängiger? Schlauer?" Für derartige Fragen muss sich niemand schämen, sie drängen sich auf in einer Welt, in der alles und jedes öffentlich performt und verglichen und mit einem Like versehen werden will. Ein Kid war in den 2010er Jahren eben erst dann ein wirklich cooles Kid, wenn es mit Kopfhörern und dazugehörigem Smartgerät zur Schule ging. Allerdings kann sich das in den angebrochenen 2020er Jahren wieder ganz anders entwickeln. Die allerneusten Zahlen zum Handybesitz in Deutschland, die von der Bitkom 2020 veröffentlicht wurden, geben nur noch 75 % Handybesitz bei den Zehn- bis Elfjährigen an, und sie weisen auch auf einen ganz schwachen Trend bei den älteren Jugendlichen hin, der auf eine leichte Abnahme des Sättigungsgrades mit Smartphones hindeutet (Abb. 4.1).

Sinn macht ein eigenes Smartphone, wenn das Kind bereits alleine nach Hause oder zu Freund:innen geht, und uns der Straßenverkehr oder die Wege, die das Kind nehmen muss, beunruhigen. Dann bietet sich allerdings ein Gerät an, das mit Prepaid-Karte ausgestattet ist und all die datenschutzfressenden Apps nicht installiert sind. Das eigene Smartphone gehört allerspätestens ab dem Alter von zwölf Jahren zur (prä-)pubertären Phase dazu. Dabei sollte der Smartphonebesitz von ganz individuellen Voraussetzungen abhängen, die jedes einzelne Kind mitbringt. Joschua ist vielleicht mit seinen zehn Jahren

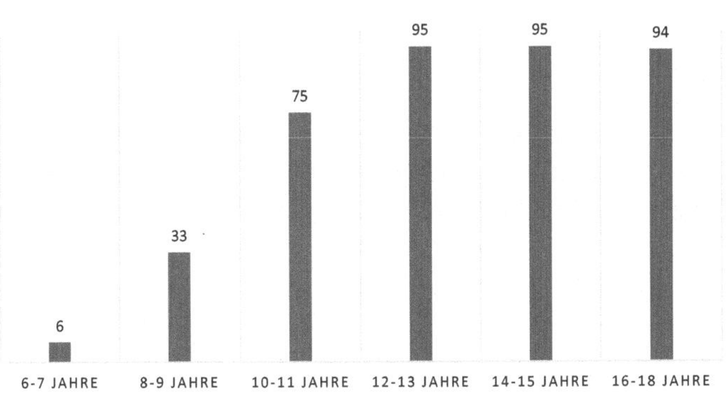

Abb. 4.1 Besitzquote von Smartphones nach Altersgruppen. Quelle: Bitkom Deutschland (2019), befragt wurden 915 Kinder und Jugendlichen (veröffentlicht unter www.statista.de am 07.04.2020, eigene Darstellung)

erstaunlich vernünftig und weit entwickelt, während Karl noch ein richtiger Kindskopf ist und darüber hinaus etwas unkonzentriert, seine Impulskontrolle ist vielleicht noch etwas unausgereifter als die von Joschua. Also sollten Karls Eltern ihm noch kein eigenes Smartphone überlassen, während Joschuas Eltern ganz anders darüber denken und aus ihrer Sicht überhaupt nichts gegen ein Smartphone für ihren Sohn spricht. Bei der Frage, wann der richtige Zeitpunkt für das eigene Smartphone ist, sollten Sie möglichst nah an ihrem Kind sein und nicht an irgendwelchen Altersbegrenzungen oder Vorschriften. Wie jetzt wieder: Der Präsident des Berufsverbandes der Kinder- und Jugendärzte, Thomas Fischbach, forderte kürzlich in einem Interview, dass Kinder wegen der ernstzunehmenden Risiken – denken wir an die ersten Kapitel in diesem Buch – erst im Alter von elf Jahren ein Smartphone benutzen sollten (Neue Osnabrücker Zeitung 2019). Das Interview löste großes Medienecho aus, denn es trifft wie Manfred Spitzer die verunsicherten Nerven von uns Eltern (Der Tagesspiegel 2019).

Als Eltern müssen wir uns über die möglichen Folgen im Klaren sein, die das Kindergerät mit eigener Rufnummer und Prepaid-Karte oder sogar Vertrag mit sich bringt. So eröffnet es vielen Kindern und Jugendlichen ein wahres Mekka der grenzenlosen Onlinekommunikation und führt mitunter zu nächtlichen Spielorgien. Bei einigen Fußballkumpels meines Sohnes brach dieser Zustand an, als der Corona-Shutdown sämtliche Regeln für die Smartphonenutzung kurzzeitig sprengte. Mein Sohn beobachtete mit Argusaugen, wer zu welchen Uhrzeiten zuletzt im Online-Spiel eingeloggt war, und wieder einmal schnellte der Druck auf mich und meinen Mann in die Höhe, wann auch wir endlich abends die Tablet-Benutzung für ihn erlauben würden. Doch ich bin strikt gegen abendliches Zocken und vor allem gegen eine unbegrenzte Eigengerätenutzung. Der damit verbundene Zustand des Gehirns, nämlich permanent im Belohnungsmodus Dopamin auszuschütten, den das Aufpoppen von Nachrichten oder der Lootboxen in Onlinespielen im Gehirn verursacht, wird seine langfristige Wirkung vermutlich erst später entfalten (vgl. Spitzer 2012, S. 269). Erinnern wir uns daran, was Medienskeptiker Manfred Spitzer sagte: Sicher ist nur, dass es „eines nicht haben [wird]: keine Auswirkungen." (Spitzer 2012, S. 250). Gewiss ist aber auch, wie wir durch die Begleitung unserer Kinder größeren Schaden vermeiden können, und natürlich wird nicht jedes spielende Kind spielsüchtig. Es kommt darauf an, wie wir in der Familie mit den Kindergeräten umgehen wollen, und auch mit den Elterngeräten. Wenn wir bestimmte Überlegungen beachten, können Kinder durchaus ein eigenes Smartphone besitzen.

…erstes Gebot: Eigenes Smartphone zwischen elf und zwölf Jahren

Natürlich muss Ihr Kind nicht erst zum totalen Außenseiter seiner Peergroup werden, bevor Sie sich erweichen lassen, dem Wunsch nach einem Smartphone nachzukommen. Die Seite www.schau-hin.info stellt zehn goldene Regeln für Kinder im Alter von sieben bis zehn Jahren auf, die Sie beachten sollten, wenn Ihr Kind ein Smartphone bekommt. „Schau-hin! Was dein Kind mit Medien macht" ist eine Initiative, die vom Bundesministerium für Familie und Jugend sowie den öffentlich-rechtlichen Sendern ZDF und ARD ins Leben gerufen wurde. Eltern finden dort aktuelle Informationen zu beliebten Spielen und Social-Media-Diensten und jede Menge Tipps, wie wir im Alltag unsere Kinder durch die Netzwelt begleiten können. Darunter ist auch der Rat, kein Handy vor dem neunten Geburtstag anzuschaffen und ein Smartphone ungefähr mit zwölf:

„Ein eigenes Smartphone eignet sich für Kinder ungefähr im Alter zwischen elf und zwölf Jahren, wenn sie schon genug Erfahrung und Reife besitzen, mit den vielen Funktionen verantwortungsvoll umzugehen." (www.schau-hin.info)

So lautet zumindest der vernünftige Rat unserer staatlichen Behörden an die Eltern. Dass es in der Realität nur wenige Kinder bis zum zwölften Geburtstag aushalten, ist sonnenklar: Wenn die besten Kumpel alle ein Smartphone mit ihren zehn Jahren besitzen, werden die meisten Eltern butterweich, unsere Vorsätze schmelzen dahin und wir überlegen, wie wir ein Smartphone zum zehnten Geburtstag vor unserem digital fürsorglichen Gewissen rechtfertigen können. Geißeln Sie sich nicht dafür, nur denken Sie an all die Regeln, die Sie bitte dazu anschaffen müssen; an die Gespräche und Diskussionen, die Sie führen müssen. Ihnen wird keine App der Welt die Fürsorge abnehmen, die Ihr Kind braucht, wenn verletzende Nachrichten durch den Klassenchat geistern oder jemand schräge Kommentare auf Instagram schreibt, oder der Albtraum eintritt, dass das eigene Kind jemanden über WhatsApp aufs Äußerste beleidigt.

…zweites Gebot: Installieren von WhatsApp & Co thematisieren

Aus den genannten Gründen ist das zweitwichtigste Gebot zur Anschaffung der smarten Geräte, das Installieren von Diensten wie WhatsApp, Instagram und Co. hinauszuzögern und ihre Nutzung mit den Kindern zu thematisieren. Das gilt für Mädchen und Jungen gleichermaßen, auch wenn Studien behaupten, vor allem Mädchen liefen Gefahr, dass ihre Social-media-Kommunikation zur Sucht führen könne. Ist erst einmal WhatsApp installiert, so können Sie Ihrem

Kind nicht mehr oder kaum noch aus der Dynamik der elektronischen Kommunikationsschleifen herauslocken. Es gibt Kinder, die um die 1000 Nachrichten an einem Wochenende erhalten. Ein zweiter wichtiger Punkt, der uns beim Installieren von WhatsApp und Instagram stutzig machen sollte, ist der Datenschutz unserer Kinder. WhatsApp gehört Facebook, genauso wie Instagram. Das kann sich natürlich übermorgen ändern, aber auch der Kauf von TikTok durch eine chinesische Firma schmälert die Frage danach nicht, was mit den Daten geschieht, die solche Plattformen über ihre Nutzer:innen zu sammeln in der Lage sind. Es gibt auch alternative Messenger-Dienste, die weniger problematische Einwilligungen in die Datennutzung ihrer Kund:innen abfragen und auch keine Hintergrundinformationen sammeln (etwa alle nebenher laufenden Anwendungen zu analysieren). Threema wäre so eine Alternative, und der Messenger Telegram etabliert sich gerade als zweitwichtigste Nutzungsplattform. Aber der Einwand aller Kinder ist plausibel: Meine Freunde nutzen nur WhatsApp! Grundsätzlich ist WhatsApp ein Dienst, der vor dem Kindesalter von 16 Jahren nur mit der Einwilligung von Erziehungsberechtigten erlaubt ist (siehe Kap. 1). Eltern sollten hier selbst einschätzen, wie vernünftig ihr Kind mit dem Wissen umgehen kann, dass die von ihm veröffentlichten Bilder dem Dienst gehören bzw. im Internet ohne weitere Einschränkungen kursieren können, und natürlich, dass Facebook Zugriff auf sämtliche Nutzer:innendaten und die im Telefon gespeicherten Kontakte des Kindes haben wird. Hier sind Gespräche mit dem Kind wichtig, die es entsprechend sensibilisieren: Stell dir jedes Mal, bevor du ein Foto hochlädst, vor, dass du es an die Plakatwand an der Straßenecke kleben würdest, und entscheide dann nochmal neu. Zur Unterstützung gibt es gute Materialien über das Verständnis von Big Data für Kinder: Die Bundeszentrale für politische Bildung etwa nutzt den Begriff „Geheimnis", der für Kinder verständlicher ist als „Daten". Daten sind Geheimnisse. Und große Konzerne haben ein Interesse daran, unsere Geheimnisse zu erfahren, aber die gilt es zu bewahren wie einen Schatz. Dazu gibt es ein Quiz, die Sie mit Ihrem Kind im Grundschulalter spielen können (BpB 2017), oder Spiele wie "Big Datapoly", einem Monopoly nachempfundenen Gesellschaftsspiel rund um das Thema Daten, Datenklau und Datensammeln.

Als mein Sohn endlich das langersehnte Smartphone bekam war er 11 ¾ und natürlich wollte er WhatsApp nutzen. Es erwies sich im Nachhinein als die wichtigste Vereinbarung, dass er sein Smartphone um 18:30 in der Küche im Flugmodus oder ausgeschaltet ablegte. Denn nach kurzer Zeit stellten wir fest, dass er am liebsten permanent seine Nachrichten abrufen mochte. Zeitliche Regelungen zur Nutzung sollten fest vereinbart sein, wenn Messenger- und Social-Media-Dienste im Spiel sind.

…drittes Gebot: Lieber prepaid als posttraumatisiert
Wenn die Kinder ihre eigenen Geräte nutzen und auch die Gerätehoheit explizit auf die Kinder übertragen wird, sollten sie ein eigenes Gespür für die Kosten entwickeln können, die sie mit ihrem Medienverhalten verursachen. Eine Prepaid-Karte ist eine gute Voraussetzung, um Kosten und Datenvolumen im Blick haben zu können. Kinder können, wenn sie ihre Prepaid-Karten selbst aufladen müssen und etwa einen Teil ihres Taschengeldes dafür verwenden, ein Bewusstsein für Kostenfallen bei Onlinespielen oder anderen Diensten ausbilden. Bezahlen die Eltern einen Vertrag, der automatisch weiterläuft, bleibt den Kindern dieser Lerneffekt allzu lange verwehrt. Manchmal gibt es das böse Erwachsen erst hinterher, wenn die Rechnung am Monatsende kommt. Stundenlange Telefongespräche gehörten früher zu den Kostenfallen für Eltern, heute sind

es In-App-Käufe, teure Spiele oder illegale Streams, die nur einen Klick von der Werbung entfernt waren. Hier sollten die Kinder schon früh die Konsequenzen für ihr Handeln erkennen können, wenn Guthaben und Datenvolumen aufgebraucht sind.

Halten wir fest:

Das Alter zwischen elf und zwölf Jahren gilt offiziell als unbedenklich für den Smartphonebesitz von Kindern, Skeptiker:innen gehen sogar von einem Unterlassen bis 16 Jahren aus, da erst dann die Gehirnentwicklung zum Großteil abgeschlossen ist: Diese Altersgrenze wurde schon weiter vorn im Text als unrealistisch abgewiesen. Sogar meine Tochter bekundete im Alter von sechs Jahren bereits Interesse an einem eigenen Smartphone, weil sie ihrem großen Bruder in nichts nachstehen wollte. Allerdings erlebe ich, dass die kindliche Smartphone-Euphorie in Wellen auftritt, die auch wieder abebben. Nachdem meinem Sohn klar wurde, dass wir es ernst meinen mit der Smartphoneabstinenz, habe ich erstaunlich lange, nämlich genauso über Monate hinweg, nichts mehr davon gehört, dass „alle" in der Klasse ein Smartphone haben. Fairerweise muss ich dazu sagen, dass uns auch eine veränderte soziale Situation in die Hände gespielt hat, mein Sohn wechselte nämlich die Lerngruppe und hatte daraufhin mit anderen Kindern zu tun – die sämtlich noch keine Smartphones besaßen. Es gibt die speziellen Triggermomente, solche wie der Zeitpunkt, wenn der beste Kumpel ein Smartphone geschenkt bekommt, die dann eine neue Welle der Smartphonesehnsucht auslösen. Nur: Die gehen wieder vorüber, wenn andere Interessen im Vordergrund stehen. Das Smartphone aber bleibt. Der beste Kumpel war übrigens mit seinen neun Jahren bei WhatsApp inklusive freakigem Profilbild zu sehen, genauso bei Instagram. Er kam nicht mehr so oft vorbei, und wenn, dann mit dem Telefon am Ohr. Da wurde hier noch eine Selbstverständlichkeit geregelt und da musste noch einmal zurückgerufen werden. Natürlich habe ich meinem Sohn nichts dergleichen erzählt, aber gedacht habe ich: Gott sei Dank darfst du noch Kind sein.

Wir Eltern wollen natürlich nicht die ganze frühe Jugend unserer Kinder mit einem Smartphone-Verbot belegen. Schon gar nicht, wenn um die 95 % der vierzehnjährigen Jugendlichen ein Smartphone besitzen (vgl. Abb. 4.1) und der praktische Nutzen die Skepsis weit überwiegt. Aber wir können uns bewusst machen, ob ein altes Smartphone für das Kind im Alter bis zu elf Jahren ausreichen würde und zu Hause ein ganz normaler Computer oder Laptop oder andere digitale Endgeräte für das Gamen, Surfen oder Skypen sinnvoller sind als ein eigenes Smartphone mit WhatsApp-Account fürs Kind. Denn bedenken

Sie, dass mit dem eigenen Smartphone die Kindheit endgültig vorbei ist. Denn Ihr Kind wird automatisch in den Status eines Teenagers katapultiert, egal wie alt es ist: Entweder wegen der unausweichlichen Konflikte um seine Medien-Nutzung, die jede Pubertät überflüssig machen könnte, oder wegen des Wegbeamens in Spiel-, Chat und YouTube-Welten, die nichts mehr mit dem Kindsein zu tun haben und dazu auch noch Produktwerbung beinhalten.

Vor dem Kauf eines Smartphones oder dem Überlassen eines ausrangierten Gerätes sollten wir uns auch fragen, ob wir mit unserem Drang, dem Smartphone-Wunsch des Kindes nachzugeben, eher unserem eigenen Bedürfnis nachgeben, dem Kind einen Gefallen zu tun. Letzteres rührt unbewusst meistens an dem Verlangen, dem Kind etwas Gutes tun zu wollen, weil andere Kinderwünsche nicht umgesetzt werden können oder nicht realisierbar sind – oder sogar aus dem schlechten Gewissen heraus, dem Kind nicht genug bieten zu können oder die Vorstellungen des Kindes anderweitig nicht ausreichend berücksichtigen zu können. Ich kenne Eltern, die ihren kleinen Kindern Tablets geschenkt haben, während sie ihre Trennung vollzogen haben. Aus psychologischer Sicht ein Klassiker: Eltern, die sich trennen, leiden oft unter Schuldgefühlen, die sie unbewusst abwehren. Die eigene Bedürftigkeit – wie sie im Durchstehen einer Krise auftreten kann – wird auf die vermeintlichen Bedürfnisse der Kinder projiziert und diese werden dann erfüllt.

Manchmal wollen Eltern ihren Kindern Wünsche durch Geschenke erfüllen, weil sie beispielsweise dem kindlichen Wunsch nach gemeinsamen Unternehmungen nicht nachkommen können, oder auch, weil das Kind aus Sicht der Erwachsenen eine schwere Zeit durchstehen muss. Hier lohnt sich ein selbstkritischer Blick. Ein Kind, das etwa zweimal in der Woche zum Lese- und Rechtschreibetraining geht, oder eines, das zur Logopädie muss, hat es sicherlich schwerer als andere Kinder und bedarf daher eines positiven Ausgleichprogramms. Das müssen aber keine Geschenke sein, Freizeitbeschäftigungen sind hier viel angemessener. Betroffene Eltern sollten sich fragen, ob es statt einem Smartphone nicht auch zwei feste Nachmittage in der Woche für analoge Spiele mit Freund:innen oder einen Tag für Ausstellungsbesuche sein können, die dem Kind gewährt werden: Gemeinsam verbrachte Freizeit ist eine gute Antwort auf den Wunsch nach einem Smartphone. Manchmal hilft ein gemeinsames Fußballspiel oder ein langersehnter Wochenendausflug viel mehr als ein Geschenk.

Die Überwachungs-Apps

Inzwischen hat der Markt auf die Verunsicherung vieler Eltern über den Umgang ihrer Kinder mit Bildschirmmedien reagiert. Wie eingangs erwähnt hat Apple Ende 2018 neue Tools eingeführt, die unter dem Button „Einschränkungen" erlauben, Apps für bestimmte Zeiträume und nach Nutzungsdauer zu sperren und nur bestimmte Websites zuzulassen. Eine dringend überfällige technische Lösung, bei der sich die Verbraucher:innen fragen mussten, warum sie erst Ende 2018 eingeführt wurde. Doch auch hier dürfen wir Eltern uns nicht gutgläubig auf die Technik verlassen: Den Einschränkungscode kriegen die gewitzten Kinder natürlich heraus, früher oder später. Mein Sohn erhielt von einem älteren Schulkameraden den Tipp, die Bildschirmaufnahme zu aktivieren, so dass ein Video alles aufzeichnet, was auf dem Bildschirm geschieht. Dann kam er zu mir: „Mama, kannst du den Code eingeben?", um die Nutzungszeit um 15 Minuten zu verlängern. Und schon konnte er sich auf dem Video die eingegebene Zahlenfolge einprägen. Ich habe es der Aufrichtigkeit meines Sohnes zu verdanken, dass er mir später mit schelmischem Grinsen davon berichtete, und da ich so beeindruckt von seiner Raffinesse war, musste ich ihn einfach loben (auch für seine Ehrlichkeit). Die Lektion war: Wenn die Kinder ein gewisses Alter erreicht haben, neun bis zehn Jahre, ist Vertrauen wichtiger als Einschränkungen und Sperren – sie richten gegen den findigen Nachwuchs nicht mehr viel aus. Und das ist auch gut so, weil uns die Cleverness der Kinder immer wieder vor Augen führt, wie wichtig unsere elterliche Aufmerksamkeit bezüglich der Internet- und Smartphonenutzung wirklich ist.

Ein ähnliches Konzept wie die Sperren und Einschränkungen verfolgen die Selbstüberwachungs-Apps. Es gibt so genannte Familienapps, die dem aufkommenden Trend zum digitalen Entgiften, dem Digital Detoxing, zugeschrieben werden können, und die sowohl auf den Kinder- als auch den Erwachsenen-Smartphones oder Tablets installiert werden können. Beliebt für alle Android- und IOS-Geräte ist derzeit die App „FamilyTime“. Auch Google bietet eine Überwachungs-Software an, die über die App „FamilyLink“ zu installieren ist. Im englischsprachigen Raum, besonders den USA, ist die App „ScreenTime“ bei Eltern beliebt, sie kostet aber nach dem ersten kostenlosen Monat Geld. Auf dem Markt der kostenpflichtigen Abos ist z. B. auch die Android-Kindersicherung einer Firma, die bis 2017 mit dem Chico Browser einen Kinder-Browser im Programm hatte. Das Unternehmen hat die Marktlücke erkannt und lässt sich diese App mit dreißig Euro im Jahr bezahlen.

Diese Dienste haben den Vorteil, dass Sie als Eltern bestimmte Apps und Funktionen per Zeitschaltung oder komplett auf dem Kindergerät ausschalten können – also genau wie das Einschränkungstool von Apple oder Android-Geräten – und diese von einem Elterngerät aus steuern. Der üble Nebengeschmack einer solchen

App bzw. dieser Dienste ist ihr Überwachungscharakter: Sie können genau verfolgen, wann Ihr Kind welche Anwendung wie lange benutzt hat, oder auch, wo sich Ihr Kind aufhält. Zudem bespielen solche Apps einen ganz neuen Markt, den „Smart Education Market". Das Versprechen: Werden Sie zahlendes Mitglied und Ihre Familie kann sich endlich wieder anderen Dingen zuwenden als den digitalen Nutzungsgewohnheiten Ihrer Kinder! Auch das Digital Detoxing hat bereits zahlungspflichtige Apps entwickelt: Die Apps heißen „Moment" oder „Quality Time" und sollen uns per Bildschirmblick über unser Nutzungsverhalten aufklären. Dieses Paradoxon aus digitaler App und Enthaltsamkeit vom Display ist schwer vermittelbar, kann aber wie eine Krücke für die digitale Fürsorge wirken, bis man sie verinnerlicht hat. Dennoch geht es bei den Detoxing-Apps darum, sich von der persönlichen, subjektiven Kontrolle oder der persönlichen Erziehungsarbeit freizukaufen, was natürlich nicht das vorrangige Ziel einer digitalen Fürsorge ist.

Stattdessen können wir uns bewusst machen, wie digitale Überwachungsmöglichkeiten uns selbst verändern und was geschieht, wenn sie sich in unsere Familien hineinschleichen: Wie soll das Vertrauen in unsere Kinder gedeihen, wenn wir ihr Tun auf Schritt und Tritt überwachen können? Wie entwickelt sich unsere Fähigkeit, die Kinder in ihre Selbständigkeit hineinwachsen zu lassen? Wie die Gewissheit, dass unsere Kinder schon das Richtige tun werden, wenn es darauf ankommt? All diese Fragen haben mit der Entwicklung digitaler Überwachungspraktiken noch größere Relevanz als vor zehn Jahren. Und wie, bitte, sollen diese Fragen mit der Digitalisierung selbst überhaupt noch beantwortet werden können? Denn die App, die wir installieren, ist selbst der perfekte Spion unserer alltäglichen Nutzungsgewohnheiten: Sie geben einem App-Entwickler (!) die Erlaubnis, jede einzelne

Aktivität zu überwachen, die Ihr Kind und auch Sie vollführen. Mehr Big Brother konnte sich selbst George Orwell nicht vorstellen!

ScreenTime im Test – ein Selbstversuch

Natürlich habe ich trotz der Bedenken einen Probebetrieb mit ScreenTime durchgeführt. Mein Sohn erwies sich als überzeugter Assistent bei dem Test, er ließ sich unter Mithilfe bereitwillig die App auf seinem Tablet installieren. Mit allen Erklärungen, die es benötigt: Ja, ich erlaube der App (also den Entwicklern!) jeden Zugriff auf alles, was mein Sohn von nun an macht. Wow, ein Wahnsinns-Datenmarkt, die absolute Kontrolle über die Nutzungsgewohnheiten unserer neun- bis zehn-Jährigen – das war mein erster Gedanke. Mein zweiter Gedanke war frohlockender: Jetzt kann mein Sohn nicht länger als zwanzig Minuten spielen, weil sich das Tablet dann von alleine ausschaltet, das ist durchaus praktisch. Da mein Gerät mit seinem von nun an per App verbunden sein würde, erhalte ich über alles Auskunft, was mein Sohn anklickt und -tippt. Nach einer Stunde – einer ganzen Stunde! – hatte ich Account und beide Geräte soweit, dass alles reibungslos lief und die Einschränkungen so wirkten, wie ich sie haben wollte: Mit Schlafenszeit (also nichts da mit dem langen Samstagmorgen ungestörter Spielerei!) und maximal zwanzig bis dreißig Minuten „freie Bildschirmzeit" täglich.

Erster Haken: Die Zeit, die ich nun selbst am Tablet verbracht hatte, ließ die Nutzungszeit meines Sohnes schrumpfen. Also musste ich die freie Bildschirmzeit wieder verlängern, und zwar wiederum über meinen eigenen Zugang. Zweiter Haken: ScreenTime kann zwar die Nutzungszeit vorgeben, nicht aber die Inhalte blockieren, die mein Kind im Netz nicht abrufen sollte. Kinderschutz sieht meiner Meinung nach anders aus. Dritter Haken: Als mein Sohn das Tablet gut gelaunt in die Hände nahm und im Wohnzimmer verschwand, hörte ich einen Schrei und Wutgeheul. Was war passiert? Mein Sohn erklärte mir fassungslos, dass alle seine Spiele weg seien. Mein Handy meldete zeitgleich „Ihr Tablet hat ein Problem". Das Tablet zeigte nun das Icon der Kontroll-App mit einem Schloss verriegelt – offenbar war der Finger meines Sohnes dem Icon zu nahe gekommen. Dann nämlich verschließt die App die Spiele auf dem Gerät zur Strafe. Das überwachte Kind könnte ja auf die Idee gekommen sein, die Überwachungs-App einfach löschen zu wollen – und um diesen digitalen Ausbruchsversuch zu verhindern, meldet mir die App sogleich das zu tadelnde Verhalten und sperrt vorsichtshalber die Spiele auf dem Tablet. Gut, nach mehrmaligem Herumgeklicke auf meinem Überwacher-Gerät und auf seinem überwachten Tablet waren die Spiele wieder da. Ich hatte mein eigenes Bildschirmmedium an diesem Tag so intensiv genutzt wie zuletzt bei seiner Inbetriebnahme – um die Zeit, die wir mit den Geräten verbringen, zu reduzieren. Nach fünf Rückholmanövern des Tablets zu dessen spielerischer Nutzbarkeit hatten mein Sohn und ich die Nase voll, wir begannen eine Partie Schach, ganz analog. Immerhin, dachte ich, jetzt haben wir beide keine Lust mehr auf digital.

Abends bekam ich eine persönliche Mail von Oliver S., einem Entwickler der Überwachungs-App. Er schrieb mir, dass er sehr dankbar sei, dass ich die App ausprobiere und er hoffe, ich würde die App genauso hilfreich finden wie er, um „in der Familie eine gute Balance der Bildschirmzeiten" zu finden. Er würde selbst die Kämpfe kennen, die in den Familien ausgetragen werden, um die Kinder an den Esstisch zu holen und die Sorge, dass sie in der Schule

Probleme bekämen oder nicht genug Bewegung. Ein Tipp von Oliver: Ich solle mit meinen Kindern zuerst darüber reden, warum ich ScreenTime auf dem Gerät installiert habe und was ScreenTime Tolles bewirken könne. „Versuchen Sie also, ihre Nutzung für die ersten paar Tage zu überwachen. Entscheiden Sie danach mit Ihren Kindern über die Limits, die am hilfreichsten sind." Damit ScreenTime „angenehm" in die Familie eingeführt werden kann, bietet die App sogar den Link zu einem gegenseitigen Nutzungsvertrag an – eine sinnvolle Idee, die ich ganz ohne App weiter unten erläutere.

Was mich an Olivers Mail verstört hat: Die unverblümte Aufforderung, meine Kinder zu überwachen, damit wir die App möglichst „angenehm" einführen können. Denn wenn alles gut läuft – ich weiß, lieber Oliver – muss ich nach zwei Wochen kostenloser Experimentierphase für die Premiumversion der App regelmäßig Geld bezahlen. Und es wäre für das Marketing wenig hilfreich, wenn die Kinder die Marke ScreenTime mit schlechten Gefühlen verbinden, oder gar ich. Oliver zieht durchaus Nutzen daraus, mich persönlich an die Hand zu nehmen. Aber was mit all den Daten geschieht, die mein Sohn ihm und ScreenTime umsonst abliefert, das erfahre ich natürlich nicht. Und noch etwas fällt mir auf: Die App veranschlagt an nur zwei Tagen so viel Aufmerksamkeit, dass mein Bildschirm-Pensum von einer ganzen Woche bereits erfüllt ist.

Nach dieser Anfangsphase bekam ich jeden Abend unaufgefordert ein Protokoll von der App zugesandt, in der ich über das Nutzungsverhalten meines Sohnes aufgeklärt wurde. Auch hat die App automatisch verfügt, dass mein Sohn, wenn er die Aufgabe „Zimmer aufräumen" erledigt, Extraspielzeit eingeräumt bekommt, ganz ohne mein Zutun. Vermutlich eine technische Panne. Nach vier Tagen, in denen ich so oft wie nie auf mein Handy starrte – wegen des Aus- und Einschaltens der Sperren, die nicht flexibel genug einzurichten sind, und wegen der Emails, die ich bekam und wegen des ständigen Spiele-Zurückholens – wollte ich die App entnervt löschen. Und musste feststellen: Die Fänge der App sind stabil und fest. Um die App zu löschen, reicht nicht der übliche Löschvorgang aus, sondern ich muss in den Einstellungen den Geräteadministrator öffnen – dort hatte sich die App ihre Zugriffsrechte erbeten.

Noch Wochen später meldet sich Oliver S. per Mail bei mir: Ob ich nicht zufrieden war? Ob ich es nicht noch einmal mit ScreenTime probieren wolle? Und einige Monate später lockt Oliver mit dem Betreff: Bewahren Sie den Geisteszustand Ihres Kindes! „Apps für die elterliche Kontrolle waren noch nie so relevant wie heute, in einer Zeit, in der übermäßige Nutzung von Elektronikgeräten für psychische Probleme bei Kindern verantwortlich gemacht wird", schreibt Oliver von ScreenTime. Ich solle doch endlich Premium-Kundin werden! Das Geschäft mit der elterlichen Angst, so scheint es, ist äußerst lukrativ.

Digitale Fürsorge ist Beziehungsarbeit

Wir Eltern können wahlweise auch die Internet-Funktion am Gerät des Kindes einschränken. Was auch wieder unpraktisch ist, etwa wenn ein Spiel nur mit einem neuen Update funktioniert, dann müssen wir wieder ran, Einschränkung ausschalten, updaten, Einschränkung wieder an. Tatsächlich habe ich diese Variante einige Zeit angewendet, um zu verhindern, dass mein Sohn seine Bildschirmzeit mit YouTube-Video-Streamen verbringt. Um dann aber festzustellen, dass er sich seine Fußball-Videos kurzerhand hinter meinem Rücken, nämlich heimlich auf meinem herumliegenden Smartphone, ansah. Der nächste Streit, dann das schlechte Gewissen: Warum lasse ich mein Smartphone auch überall liegen? Ohne Alterseinschränkung, die ich natürlich nicht auf meinem Gerät habe, läuft bei YouTube gerne mal unterirdische Werbung oder es gibt sogar wahlweise pornographisch anmutende oder horrorbildhafte Videovorschläge für meinen Sohn, der sich nur die zehn besten Turmsprungvideos anschauen wollte.

Auch das müssen wir uns bewusst machen: Das Gerät eines Erwachsenen ohne Einschränkungen ist für den Nachwuchs wie eine Oase in der Wüste, wenn es ansonsten mit geregelten und abgesperrten Bereichen im Internet surft, und es wird sich wenn immer es geht diese Oase erschließen. Also nahm ich mir vor, das eigene Smartphone sicher zu verstauen und das Kind besser dann und wann gemeinsam bestimmte, vorher vereinbarte Videos ansehen zu lassen und die Einschränkungen zu aktivieren, die eine inhaltliche Altersbeschränkung vornimmt. Das löst die Werbeproblematik zwar nicht ganz, aber dann weiß ich, dass mein Kind zu mir kommt, wenn es etwas Verstörendes sieht, weil es nichts Verbotenes tut. Es erweist sich also als sinnvoll, den Internetzugang nicht zu verbieten und damit zu provozieren, dass sich Kinder unbegleiteten Zugang zum Internet verschaffen. Denn wenn ein Kind sein eigenes oder das elterliche Bildschirmmedium benutzen DARF, haben wir Erwachsene immerhin Einfluss darauf, was es im Netz unternimmt. Wohingegen ein Kind, das gar kein Bildschirmmedium benutzen darf, sich Zugang bei Freunden oder Nachbarn und anderen verschaffen wird – und dann ohne Begleitung im Netz surfen wird. Ein Kind, das aber mit seinen Eltern gemeinsam surfen lernt, weiß, dass es sich an uns als Ansprechpartner wenden kann, wenn es sich „verirrt" hat und auf seltsame Seiten gestoßen ist. Es braucht also vor allem eins: Vertrauen in uns Eltern, dass wir ihm zur Seite stehen und ihm zugewandt sind, anstatt es auszuschimpfen. Der Familientherapeut Jürgen Wolf empfiehlt, dass wir uns von der Idee verabschieden müssten, unsere Kinder ständig kontrollieren zu können, wenn wir sie vor einer Smartphonesucht schützen wollen. Auch er sagt, es komme auf eine intakte Beziehung zwischen Eltern und Kind an. Man lasse sich nur etwas von jemandem sagen, zu dem man Kontakt habe und der als Autorität wahrgenommen wird (Süddeutsche Zeitung vom 23. 11. 2015).

Allerdings sollten wir dieses Argument nicht zur Legitimation einer für uns bequemen, langfristigen Bildschirmnutzung der Kinder verwenden. Auf Elternabenden in Schulen – konkret kenne ich sie von zwei Kreuzberger Grundschulen – kommt es immer wieder zu kontroversen Diskussionen über die Smartphone- und Tabletnutzung der Kinder. Eine Mutter mit mehreren Kindern wendet ein, dass sie ihre Kinder besser im Blick hat, wenn diese bei ihr zu Hause spielten, und propagiert die gemeinschaftliche Bildschirmnutzung der fünf Kinder. „Sonst würden sie sich sowieso unerlaubt den Zugang verschaffen", weiß die Mutter. Doch dann stellt sich heraus, dass die großen Geschwister Fortnite spielen, das für die jüngeren Kinder ungeeignet ist und erst ab zwölf Jahren erlaubt (und ab vierzehn empfohlen) ist. Das jedoch findet die Mutter nicht weiter schlimm, so lange sie in der Nähe ist, sei alles gut. Hier wird das Argument der Anwesenheit und Ansprechbarkeit allerdings zur eigenen Beruhigung missbraucht, anstatt aktiv angewendet. Sicherlich würden die älteren Kinder das Spiel bei Freunden spielen. Doch die Mutter kann nicht abschätzen, ob die Bilder von Gewalt- und Kampfspielen den sieben- und fünfjährigen Kindern Schaden zufügen. Würde sie selbst das Spiel einmal mitspielen, könnte sie anders darüber nachdenken.

Eine weitere Möglichkeit, Kinder vor schockierenden Bildern zu schützen, ist die kinderfreundliche Suchmaschine. Auf jedem Gerät kann der vorinstallierte Browser deaktiviert werden und durch eine kinderfreundliche Variante ersetzt werden, die über einen Webfilter verfügt. Das bedeutet, kinderunfreundliche Seiten und solche mit jugendgefährdenden Inhalten werden nicht angezeigt. Für Kinder im Alter zwischen sechs und zehn Jahren sind www.fragfinn.de und www.blinde-kuh.de empfehlenswert. Übrigens ist die Debatte über Upload-Filter in dieser Hinsicht zu begrüßen: Endlich diskutiert die Politik darüber, wie Inhalte besser daraufhin gefiltert werden können, ob sie Menschen Schaden zufügen oder nicht. Dass es technisch schwierig ist, einen solchen Uploadfilter nutzerfreundlich zu gestalten, liegt in der Logik des freien Internets – und dass Netzaktivisten auf die Barrikaden gehen, ist aus ihrer Sicht verständlich. Aber die Wut, die dieses als „Zensur" kritisierte Vorhaben hervorruft, zeigt auch die Wucht des Interessenskonfliktes, der sich hier abspielt. Ein freies Internet, das alles anbieten darf und wo alles erlaubt ist, kann die Schwächsten nicht schützen. Hier ist das Augenmaß des Gesetzgebers im Sinne des Kinder- und Jugendschutzes durchaus gefragt.

Sind die Kinder älter als acht Jahre, sollten wir Gespräche über die Risiken von Online-Spielen wie In-App-Käufe oder so genannte Lootboxen mit ihnen führen. Lootboxen werden zu Recht als größtes Risiko in der Onlinespielwelt angesehen, deren Nutzen sogar eine Glücksspielsucht auslösen kann. Lootboxen sind Beuteboxen, die unvorhergesehene Schätze für die Spieler:innen beinhalten und in vielen Online-Spielen am Ende eines Spiels ausgegeben werden, so auch bei dem aktuell beliebten Spiel BrawlStars. Das Fatale ist, dass wie beim Glücksspiel ein unerwarteter Riesengewinn aus einer solchen Box herausspringen kann. Eine Lootbox kann virtuelle Items wie Schwerter, Fähigkeiten oder Kämpfer im Wert von hunderten Euros enthalten – oder aber eine Niete. Als ich mit meinem Sohn zum Kennenlernen des Spiels BrawlStars gemeinsam spielte, erlebte ich die emotionale Begeisterung bei meinem Sohn, als ich eine solche Box nach einem (von mir grottenschlechten) Brawl öffnete. „Wow, du hast Barley gezogen! Der ist super selten!" Zu Recht wird inzwischen auch in Deutschland ein gesetzliches Verbot dieser Praxis gefordert – offenbar gibt es das in Ländern wie den Niederlanden bereits (Siegfried und Wanders 2019, S. 45). Wir Eltern müssen solche Risiken kennen, um das Spielverhalten unserer Kinder angemessen begleiten zu können. Und wir dürfen unseren Kindern mit unseren ureigenen Sorgen um sie begegnen: Ich habe meinem Sohn nach dem Brawlen erklärt, warum diese Boxen problematisch sind. Natürlich kann ich ihm nicht verbieten, weiter zu spielen. Aber aus eigener Erfahrung weiß ich, dass mein Sohn seine stark eingeschränkte Tablet-Nutzungszeit (im Vergleich zu seinen Spielkameraden) viel leichter akzeptiert, wenn ich ihm ganz offen und ehrlich sage, dass ich mir Sorgen mache wegen der Folgen, die es haben kann, wenn Kinder schon früh Bildschirmmedien benutzen. Genauso ist es mit den Lootboxen und dem Glücksspiel. Ich spreche dann von mir und sage ihm: Ich habe Angst um dich. Deshalb bin ich strikt, was deine Sehgewohnheiten betrifft. Ich weiß, dass ich kein Verständnis von einem Zehn- oder Elfjährigen erwarten kann, aber meine Offenheit vertieft unsere Bindung, weil ich mich zeige. Und dann kann mein Sohn sich auch zeigen, anstatt eine Wut im Bauch mit sich herumzuschleppen – über seine superstrenge oder superaltmodische Mutter.

Co-Abhängigkeit vermeiden: Gemeinsam mit den Kindern Regeln vereinbaren

Kinder, die älter als acht Jahre sind, können einen Vertrag über ihre Nutzungsgewohnheiten abschließen, wenn sie ein eigenes Tablet oder Smartphone bekommen. Darin können Eltern und Kinder gleichermaßen Regeln für die zeitliche Nutzung von Bildschirmmedien festhalten. Dann können Streitpunkte wie ein Medienverbot zu einem Teil der Aushandlungsmasse gehören: Das Kind darf sein Gerät nutzen, solange es sich an die Vereinbarungen hält. Wenn es sich nicht an die Regeln hält, kann das Gerät auch mal für ein paar Tage verschwinden. Wie viel Zeit jeder seinem Kind gewährt, sollte nach den eigenen Vorstellungen gestaltet sein. Hierzu gibt es ganz unterschiedliche Ideen. Manche Eltern lassen ihre Kinder nur am Wochenende für eine Stunde surfen, manche lassen es täglich eine Stunde surfen oder spielen. Mein Sohn durfte mit neun Jahren eine Viertelstunde täglich spielen, was wenig ist und er nicht jeden Tag in gleicher Weise einhalten konnte. Er akzeptierte die Regel jedoch meistens, weil er seine Bedingung durchsetzen konnte, abends noch eine Dreiviertelstunde fernsehen zu dürfen. Solche Kompromisse sind wichtig, da Ihr Kind Einfluss auf die Bildschirmmedien-Nutzung nehmen kann und Begrenzungen so eher akzeptieren wird, weil Sie seine eigenen Wünsche ernst nehmen. Machen Sie Ihrem Kind auch klar, dass Fernsehen und Onlinespiele für ihr Kind zwar nicht gleichbedeutend sind, aber für seine Augen und seinen Kopf schon. Das großartige an einem Vertrag über die Nutzung von Smartphone und Co. ist, dass auch Regeln für die Eltern aufgenommen werden können. Vorgefertigte Verträge gibt es übrigens im Netz, etwa unter www.mediennutzungsvertrag.de: Hier kann man einen Vertrag online speichern und bei Bedarf verändern. Sämtliche sinnvolle Paragraphen für den Vertrag sind vorinstalliert und können den eigenen Bedürfnissen entsprechend eingesetzt werden. Das entscheidende an einem Vertrag aber ist, dass man Vereinbarungen mit den Kindern trifft und den Vertrag gemeinsam aushandelt. Denn das, so Familientherapeut Jürgen Wolf, ist Beziehungsarbeit. Wolfs Logik lehnt sich an den Gedanken an, die der große und inzwischen verstorbene Familientherapeut Jesper Juul entwickelt hat, nämlich den einer gleichwürdigen Partnerschaft zwischen Kindern und Eltern in der Familie. Juul geht davon aus, dass es der Prozess des wechselseitigen Umgangs miteinander ist, der in erster Linie über das Wohlbefinden einer Familie entscheidet (Juul 2009, S. 16). Er unterscheidet zwischen einer destruktiven, ungesunden und einer konstruktiven, gesunden Art und Weise des Umgangs miteinander. Ein gesunder Umgang bedeutet, dass die Erwachsenen die Verantwortung für den Ton, der herrscht, übernehmen, und auch für die Atmosphäre und Qualität der gemeinsam verbrachten Zeit. Übertragen auf die digitale Fürsorge heißt das, dass die Erwachsenen die volle Verantwortung für das Gerät übernehmen und für einen konstruktiven, wertschätzenden Ton verantwortlich sind, um die Vereinbarungen anzumahnen.

Zur digitalen Fürsorge gehört auch, dass wir wissen, welche Spiele sich die Kinder herunterladen. Im Handumdrehen hat das Kind es heraus, wie es auf seinem Smartphone Spiele herunterladen kann, und auf dem elterlichen Gerät natürlich auch. Mein Sohn zeigte mir ganz stolz ein Zombie-Spiel, das er spielen wollte, weil sein Freund das „schon die ganze Zeit" spiele: „Plants vs. Zombies". Man muss den Rasen mähen, aussäen und anpflanzen und aufpassen, dass der Garten nicht von einer Zombie-Armee überrannt wird. Die Zombies sehen ekelhaft aus und verlieren, wenn man Samenbomben schmeißt, ihre Köpfe. Gar kein kindgerechtes Spiel, wie ich finde. Also wird es unter Protest gleich wieder gelöscht. Und mir ist klar: Was für andere Eltern kein Problem ist, z. B. Altersbeschränkungen bei Spielen zu ignorieren oder eine abstoßende Ästhetik und Gewaltverherrlichung zuzulassen, das kann für mich ein Problem darstellen, das ich meinem Kind nicht zumuten möchte. Ein Vertrag über die Nutzung des Bildschirmmediums sollte also auch beinhalten, dass das Kind nur altersgerechte Seiten aufruft, wenn es surft oder dass gewisse Spiele, die „alle spielen" (z. B. Brawl Stars erst ab zehn oder elf Jahren) trotz Protesten tabu sind. All diese Überlegungen fallen unter unsere digitale Fürsorgepflicht. Denn das Argument der Kinder, „Aber alle in der Klasse spielen das!" ist genauso wie schon der Satz „Alle dürfen ein Smartphone, nur ich nicht" meistens eine Übertreibung, die aber das Empfinden des Kindes ausdrückt, wie es seine Position in der Klasse wahrnimmt. Wenn wir mit unseren Kindern darüber sprechen, können wir oft einen Konflikt lösen. „Aha, warum meinst du denn, dass alle dieses Spiel spielen? Was erzählen sich deine Freunde darüber?" Manchmal steckt etwas anders hinter dem Gefühl, dass alle ein Spiel spielen: Das Gefühl, außen vor zu sein, vielleicht eine Kränkung erlebt zu haben; manchmal ist es auch der Druck, in der Schule mithalten zu wollen oder einfach der Wunsch, einer besonderen Gruppe von Kindern mehr anzugehören. Hier können wir Eltern, anstatt ein Spiel herunterzuladen, viel besser den Bedürfnissen des Kindes nachkommen, indem wir Zeit mit ihm verbringen. Wir können ihm etwa bei den Hausaufgaben helfen oder gemeinsam Auswege aus der Drucksituation suchen. Auch Erzählungen über die positive Entwicklung von Kindern nach einem Klassenwechsel sollten Eltern darin bestärken, genau hinzuhören und die hinter den Ausgrenzungsgefühlen des Kindes steckende soziale Situation ernst zu nehmen. Vielleicht ist der vehemente Wunsch nach einem Onlinespiel oder einem digitalen Endgerät, um sich Gehör unter den Klassenkameraden zu verschaffen, ein Hilferuf, der ein viel stärkeres Unbehagen ausdrückt. In jedem Fall stärkt es Ihr Kind, wenn Sie zu Ihrer Position stehen und nicht aus Mitleid oder schlechtem Gewissen ein Verhalten Ihres Kindes billigen, dass sie unter anderen Umständen völlig verwerfen würden. Der Kinderschutzbund Deutschland bietet seit zehn Jahren den Elternkurs „Starke Eltern, starke Kinder" an, der genau hier ansetzt (www.sesk.de).

Auch Familientherapeut Jürgen Wolf rät Eltern, deren Kinder Gefahr laufen, internet- oder smartphonesüchtig zu werden, zu klaren Regeln. Er nennt Eltern, die keine Grenzen setzen können, obwohl die Kinder bereits in die Suchtspirale abdriften, co-abhängig. Sie würden Vernunft predigen, statt auf Regeln beharren; sich aufregen, statt den Rooter einfach abzuschalten oder täglich am Verhalten des Kindes herummeckern, statt wirklich etwas zu verändern. Diese Spirale wirkt wie ein Entfremdungsmotor, und der Teufelskreis beginnt. Das Verhalten der Eltern entfernt das Kind oder den Jugendlichen noch mehr von ihnen. Das Kind ist wütend über die Kritikwut der Eltern und fühlt sich erst recht abgelehnt und darin bestätigt, dass die Eltern ihm keinen anderen Weg lassen, als in die Spiel- oder Social-Media-Welt abzutauchen, um abschalten zu können. Auch diesen Teufelskreis können Eltern nur durchbrechen, indem sie Zeit in die Beziehung zu ihren Kindern stecken und sich nach Alternativangeboten für die Freizeitgestaltung umsehen. Wichtig ist auch, nicht beim ersten Erfolgserlebnis – wenn die Basis in der Beziehung zwischen den Eltern und dem Kind wiederhergestellt ist – wieder nachzulassen und in alte Gewohnheiten und

Muster zurückzufallen. Eine Lösung kann auch die Vereinbarung über eine gemeinsam am Gerät verbrachte Zeit sein: Anstatt Binge-Watching von YouTube-Videos oder Zockerrunden erlebt Ihr Kind so eine andere Beschäftigung mit dem Gerät. Sie können mit Ihrem Kind verabreden, dass sie gemeinsam Spiele erkunden. Wichtig ist: Halten Sie den Draht zu Ihrem Kind und stärken Sie die Bindung zu ihm, indem Sie etwas Gemeinsames unternehmen. Und das allerwichtigste: Nehmen Sie eine ganz klare, unumstößliche Haltung in Sachen digitaler Fürsorge ein. Führen Sie klar nachzuvollziehende, einzuhaltende Zeitkontingente ein. Eine praktikable Lösung in der Familie kann dazu die Einführung eines Online-Tagebuchs sein. Die Aktivitäten am Smartphone, Switch und Co. werden in einem gemeinsamen Notizbuch festgehalten. So erhalten alle mehr Überblick über ihre elektronischen Tätigkeiten. Und die Eltern können sich mit dem Kind gemeinsam überlegen, ob in Home-Office-Zeiten zur besseren Abgrenzung zwischen Arbeitszeit und Freizeit der Rooter um 17 Uhr ausgeschaltet wird und danach die analoge Familienzeit beginnt, die mit einem Brettspiel, Basteln, Fahrradreparieren oder vielleicht doch einem gemeinsam gesehenen Film begangen wird.

Ein unbedingt bildschirmfreier Zeitpunkt, der absolut nicht verhandelbar sein darf, gilt für die *unmittelbare Zeit nach den Hausaufgaben*. Studien belegen, dass sich die soeben erlernten Inhalte nicht nachhaltig im Gedächtnis festsetzen können, wenn direkt im Anschluss an die Lernzeit Bildschirmmedien genutzt werden (Saval 2014, S. 170). Für mindestens eine halbe Stunde nach den Hausaufgaben gilt im besten Fall: Raus an die Luft und die drei anderen B's: Bewegung, Bewegung, Bewegung. Oder, wenn Sie die Zeit und Muße aufbringen können, ein analoges, kurzes Gesellschaftsspiel. Das macht den meisten Kindern Spaß, manchmal kann es auch einfach nur Schach oder Mühle sein. Das entspannt zusätzlich, festigt unsere Bindung zu den Kindern und Regelverständnis lernen sie gratis dazu.

Die Posting-Verantwortung – oder wie wir Mobbing vorbeugen können

Wer ein Facebook-, Twitter- oder Instagram-Account einrichtet, hat zuallererst die Aufgabe, die Privatsphäreeinstellungen zu überprüfen. Welche Bilder dürfen für alle zugänglich sein, welche sollen nur Freunde sehen? Reden Sie mit Ihrem Kind darüber, welche Verantwortung es trägt, wenn es Bilder veröffentlicht oder Daten von sich preisgibt. Bei Instagram ist ein veröffentlichtes Bild in einem öffentlichen Nutzeraccount mit einem Foto in der Tageszeitung oder bei Spiegel-online vergleichbar. Ein Beispiel, das jedes Kind versteht: Natürlich ist es witzig, jemanden auf dem Klo zu fotografieren. Nicht lustig ist aber, wenn ein solches Bild auf der Titelseite einer Zeitung veröffentlicht wird, so dass es für alle sichtbar ist. Kinder verstehen schnell, worum es geht: Es geht um Zumutbarkeit, Scham und Grenzverletzungen. Seit ich meiner Tochter erklärt habe, dass die Fotos, die ich per WhatsApp verschicke, für immer im Netz gespeichert werden wie ein Fußabdruck im Zement, beschwert sie sich, wenn ich der Omi ein Bild von ihr sende. Und ich freue mich innerlich, dass sie es verstanden hat. Die Kindernachrichtensendung logo hat sich mit dem Thema befasst und bietet auf seiner Homepage aufklärende Filme zu diesem Thema an (www.logo.de). Und die Sendung von ZDF und Kinderkanal „pur+" hat zu den Themen „Spione im Netz" und Rund um das Thema Cyber-Mobbing Kinder- und jugendgerechte Clips zum

Download, die Sie gemeinsam mit Ihrem Kind ansehen können (www.zdf.de).

Es gibt auch Kinder, die spielen mit der Scham von anderen. Oft steckt keine böse Absicht dahinter, sondern die Neugier, wie weit man gehen kann in dieser grenzenlos erscheinenden Welt. Doch inzwischen gibt es gesetzlich geregelte Tatbestände, wenn die Rechte am eigenen Bild beschädigt werden. Kinder, die nichts Böses im Sinn hatten, als sie Fotos durch WhatsApp-Gruppen jagten, können sich plötzlich als Angeklagte wiederfinden, sofern sie älter als vierzehn Jahre alt sind. Diese Tatsache gerinnt nur sehr langsam zu einer ernstzunehmenden Angelegenheit im Alltagsleben unserer Familien. Es gab schon etliche Klassenkonferenzen wegen Fehlverhaltens und Mobbings unter Mitschülern, weil beleidigende Worte kursierten oder, meistens noch schlimmer für die Betroffenen, Bilder oder Videos. Die Eltern dieser Kinder können Klage einreichen wegen übler Nachrede. Diese Konsequenzen sind Kindern nicht bewusst, wenn sie ahnungslos einem Klassenchat beitreten. Aber es ist unsere Elternaufgabe, es ihnen klarzumachen.

Mobbing können wir vorbeugen, indem wir die Empathiefähigkeit unserer Kinder stärken. „Stell dir vor, jemand schreibt im Klassenchat, dass du einen Magen-Darm-Virus hattest. Wie würdest du dich fühlen?" oder „Stell dir vor, jemand macht ein Foto von dir, während du auf dem Klo sitzt und ALLE können das plötzlich sehen, wie würde sich das anfühlen?" Solche Fragen reichen schon aus, um das Nachdenken über die Wirkung von geteilten Bildern ein wenig anzuregen. Denn: Was „Öffentlich" ist, können ALLE einsehen, und was einmal abgeschickt wurde, kann nie mehr zurückgenommen werden. Gerade dieser Punkt, das „kann nie mehr zurückgenommen werden", ist für Kinder schwer nachzuvollziehen. Sie haben einen spielerischen und intuitiven Umgang mit dem elektronischen Medium erworben, den wir Erwachsenen gutheißen und wie wir gesehen haben machen wir selbst diese Nutzung unserer Smartphones vor. Unsere Kinder erfahren, dass unmittelbar von diesem Gerät, was sie benutzen, keinerlei Gefahr ausgeht. Zu begreifen, dass eine nach Lust und Laune spontan abgeschickte Nachricht eine Kettenreaktion oder gar eine Lawine auslösen könnte, die am Ende gegen sie selbst gerichtet ist, das kann Kindern nicht bewusst sein. Das können sie nur durch Ansprache und Aufklärung lernen.

Gewaltbilder im Netz – Kinder sind verschieden verletzlich

Mit dem Internet verhält es sich wie mit einem mittelalterlichen Marktplatz: Aus aller Welt kommen Händler:innen angereist, um ihre Waren anzubieten – der Markt ist bunt und vielfältig, aber auch grob und ungehobelt, Frauen bringen unter dem Verkaufstisch Kinder zur Welt, Hühner rennen mit abgehackten Köpfen umher, neben den Ständen der Gewürzhändler findet eine öffentliche Hinrichtung statt. Aus unserer aufgeklärten und psychologisch geschulten Sicht auf Kinder wissen wir, dass diese mittelalterliche Welt eine Vorhölle für zarte Kinderseelen gewesen sein muss, und Kindheit dauerte damals höchstens bis zum neunten Lebensjahr, danach ging man in die Lehre. Kein Wunder, dass Gewalt und kriegerisches Handeln in dieser Zeit den Alltag in Europa beherrschten – heute wissen wir, dass die mittelalterliche Psyche unter einer Dauertraumatisierung gelitten haben muss.

Tatsächlich kann sich das Internet für unsere Kinder zu einem solchen mittelalterlichen Marktplatz verwandeln, jedenfalls in einzelne Facetten davon. Wenn es um pornographische Seiten und die Darstellung von Gewalt geht, werden wir hellhörig. Tatsächlich lauern Seiten im Netz, die unsere Kinder zwar nicht körperlich, aber seelisch überfordern können bis hin zu Traumatisierungen. Wenn Kinder unter zehn bis zwölf Jahren auf der Plattform YouTube surfen, sollten dringend die Einstellungen für entsprechende alterseingeschränkte Inhalte aktiviert sein. YouTube-Videos werden andernfalls immer wieder von Werbeclips unterbrochen, die kindgerechte Videos mit angsterfüllenden, gewaltverherrlichenden oder sexistischen Werbevideos unterbrechen können. Oder der Algorithmus setzt empfohlene Videos zwischen die von den Kindern gesuchten Clips, die für Kinderaugen absolut ungeeignet sind. Dabei sind Kinder verschieden verletzlich. Was für den einen belustigend ist, kann den anderen in Angst versetzen und nachts nicht schlafen lassen. Gerade phantasiebegabte Kinder gruseln sich leichter, wenn sie verstörende Inhalte im Netz zu Gesicht bekommen haben, und da reichen nur wenige Sekunden einer Horrorfratze aus, um einen Albtraum auszulösen. Meine Tochter kam völlig verschreckt zu mir, weil sie gruselige Bilder zwischen den für sie ausgesuchten Bibi-und-Tina-Clips gesehen hatte. Ich schaute mir das Gesehene an, es war eine Vorschau des letzten Harry-Potter Films, der ab zwölf Jahren freigegeben ist. Sie hatte versehentlich darauf geklickt. Ein solcher Schrecken ist nicht schlimm, solange wir Eltern ansprechbar sind und die Kinder über versehentlich Gesehenes sprechen können. Schwierig wird es für Kinder, wenn sie nicht über gesehene Schreckensbilder oder auch pornographische Bilder sprechen können, weil sie Angst vor den Reaktionen der Erwachsenen haben. Nicht selten suchen die Kinder nämlich die Schuld bei sich, wenn sie sich fürchten. Sie sind der kindlichen Auffassung, etwas falsch gemacht zu haben, und besonders wenn ihnen der

Umgang mit dem internetfähigen Gerät verboten war, kann sich ein solches Erlebnis unter der Angst, etwas Verbotenes getan zu haben oder eine Strafe zu riskieren, zu einem traumatisierenden Erlebnis auswachsen.

Nicht umsonst gibt es auf den Geräten die Einstellung „Einschränkungen" und die Möglichkeit, Seiten mit bestimmten Altersfreigaben zu sperren. Doch nicht selten sind wir Erwachsene selbst das Problem, weil wir grenzenlos surfen wollen und diese Einschränkungen auf unseren Geräten nicht einstellen. Deshalb gilt: Je empfindsamer das Kind für angsterfüllende oder verstörende Bilder ist, desto stärker sollten wir Erwachsene das Kind beim Surfen begleiten. Auch wenn das Kind noch so gut schreiben und lesen kann, bzw. gerade dann (!) ist es auf unsere Begleitung angewiesen. Wenn sich Kinder vertippen und auf seltsame Seiten gelangen, kann es im Ernstfall angsterfüllend enden, und mit steigendem Alter der Kinder kann es teuer werden, wenn die Einstellungen nicht kindgerecht gesetzt sind. Bei allen guten Vorsätzen von uns Eltern: Wir werden nicht immer daneben sitzen können, wenn unser Kind im Internet surft. Also gibt es auch eine Verantwortung für uns: Wir müssen mit unseren Kindern über die Gefahren im Netz sprechen. Der Fremde lauert inzwischen im Internet, nicht mehr auf dem Spielplatz! Wir bläuen unseren Kindern ein, dass sie nicht mit Fremden mitgehen sollen, Hilfe holen müssen und laut schreien, wenn sie angesprochen werden oder ihnen von Fremden etwas angeboten wird. Doch wir vergessen, dass die unsichtbare Gefahr vom unbekannten Chat-Partner im Internet, von WhatsApp-und TikTok-Freunden, genauso gravierend sein kann. Oder natürlich auch von anderen Seiten und Räumen, von deren Existenz wir noch nicht einmal wissen.

Also begann ich wieder einmal, mit meinem Sohn zu reden. Über die Möglichkeiten, die eine Plattform wie Facebook bietet. Und über die Gefahren, die sich hinter den Meinungsäußerungen in den sozialen Netzwerken verstecken. Da sind einmal die allseits bekannten Ängste aller Eltern, wenn Fremde sich in ein Netzwerk einklinken, wie es weiter oben mit Cybergrooming benannt wird. War das bei Facebook noch einfach nachzuvollziehen, so ist dieser Überblick bei SnapChat oder auch WhatsApp nicht mehr so einfach: Dort können Nummern zu Gruppen hinzugefügt werden, ohne dass ein Name zuzuordnen ist. Auch wissen wir nebulös darüber Bescheid, dass wir unsere Daten schützen sollten und dass wir theoretisch jeden Tag Opfer eines Fishing- oder Hacker-Angriffs auf unsere Online-Banking- und Facebook-Daten werden könnten. Aber wir bringen diese Gefahren selten mit unseren Kindern in Verbindung, die „Big Data" genauso ausgesetzt sind wie wir, wenn sie Online unterwegs sind. Über die Vertraulichkeit ihrer Daten wissen Kinder noch weniger als Sie selbst! Digitale Fürsorge ermahnt uns auch dazu, mit Daten fürsorglich umzugehen und unseren Kindern die Sensibilität ihrer eigenen Nutzerdaten und Selbstbildnisse nahezubringen. Als mein Sohn mit Siri redete, erklärte ich ihm, dass Siri alles über ihn wissen möchte und wir nicht wüssten, wem sie all das weiterplaudere. Siri sei eine Plaudertasche und sogar eine Tratschtante, sagte ich, sie erzähle alles brühwarm ihren Freunden weiter. „Erzähle ihr lieber nicht so viel." Da hat sich mein Sohn einen Spaß daraus gemacht, ihr nur noch neue Spitznamen zu geben, die sie geduldig wiederholen sollte. Alles, was Apple nun von ihm weiß, ist sein Hang zu überschwänglich-kindlichem Humor – dennoch habe ich Siri lieber deaktiviert. Inzwischen ist klar, dass alle Siri-Botschaften, die wir Nutzer:innen von uns preisgegeben haben, von echten Menschen mitgehört wurden und werden: Zur Verbesserung der künstlichen Intelligenz, versteht sich, nur rein für Auswertungszwecke. Aber die Tatsache, dass irgendwo ein Mensch mit Headset legal unseren Küchengesprächen lauschen konnte, empfand ich als eine unangenehme Vorstellung.

Wir sollten uns generell im Klaren darüber sein, dass die Alterseinschränkungen für Apps ähnlich sinnvoll sind wie die Altersbeschränkungen für bestimmte Filme. Es macht Sinn, dass etwa der sechste Teil der Harry-Potter-Filme erst für Zwölfjährige freigegeben ist. Denn diese Grenze lässt uns Eltern vorsichtiger sein. Ich weiß dann: Diesen Film schaue ich nur gemeinsam mit meinem inzwischen elfjährigen Sohn an, nicht mit meiner um drei Jahre jüngeren Tochter. (Bei der gruseligen Stelle am dunklen See, als Harry und Dumbledore das Medaillon bergen, spulte ich lieber vor, weil das der Moment ist, der wirklich erst ab zwölf zumutbar ist – jedenfalls in meinen Augen. Immerhin steigen leichenartige Zombies aus dem See…) Und genauso sind auch die Altersbeschränkungen der Apps interpretierbare Hinweise für uns: Diese App sollten die Kinder nicht ohne Aufsicht nutzen, wenn sie zu jung sind oder wenn wir Bedenken haben, dass sie noch nicht reif genug für die Nutzung sind. Denn die Kinder können mit den Gefahren und Risiken noch nicht umgehen, die hinter einer vordergründig harmlosen App, einem Spiel oder einer Plattform stecken, genauso wie verstörende Bilder sie unbewusst viel stärker beschäftigen können als sie es selbst einschätzen könnten.

Der Schlüssel zur digitalen Fürsorge: Die Begleitung der Kinder oder „digitales Helikoptern"

Abschließend bleibt eine frappierende Erkenntnis: Unsere elterliche Aufmerksamkeit ist gefragter denn je, wenn es um das Wohlergehen des Nachwuchses geht, und das in einer Zeit, in der Aufmerksamkeit ein immer knapper werdendes Gut ist. Digitale Fürsorge ist die zentrale Herausforderung, die Familien im 21. Jahrhundert bewältigen müssen, wenn wir die Stützpfeiler einer guten Gesellschaft nicht aufs Spiel setzen wollen. Denn den Umgang mit den digitalen Medien, den wir unseren Kindern lehren, wird die Gesellschaft von morgen strukturieren. Und wenn wir unseren Kindern gar keine Grenzen im Umgang mit elektronischen Geräten beibringen, sie diese also nicht selbst kennenlernen, wie sollen sie in späteren Jahren solche Grenzen finden können? Und diese auch weitergeben?

Ein ganz wesentlicher Aspekt in der Gestaltung des digitalen Lebens unserer Kinder ist aber nicht deren sture Beschränkung, sondern ihre Begleitung. Wir Eltern müssen versuchen, am digitalen Leben unserer Kinder teilzuhaben. Die Bindung zu unserem Kind auch in dem, was sein digitales Leben betrifft, zu stärken, ist unsere große Aufgabe. So verhindern wir sein Abdriften in digitale Parallelwelten, das schließlich zur Internetsucht führen kann. Das Online-Spielen oder die Welt der sozialen Medien wird von Kindern und Jugendlichen oft dazu genutzt, dem belastenden Alltag zu entfliehen. Der stärkste Anreiz, der zu intensiven Spielen im Netz führt, sei die Alltagsflucht, bestätigen Siegfried und Wanders in der Beschreibung des ISO-Syndroms (Siegfried und Wanders 2019, S. 30). Die Währung, in die wir ganz klar investieren sollten, ist also Zeit, um den Schulalltag mit Kindern ohne allzu viele Nachmittagstermine und Druck auf die Kids meistern zu können, und Geduld, um dabei die vereinbarten digitalen Spiel- und Chatzeiten beherzt durchzusetzen. So haben wir die Chance, eine freudvolle und schöne Zeit mit unseren Kindern zu verbringen. Schenken wir unseren Kindern Zeit und Aufmerksamkeit, auch im frühen Jugendalter, so ist das die beste Prophylaxe gegen Internet- und Spielsucht (und darüber hinaus auch allen anderen Arten von Süchten). Um Missverständnissen an dieser Stelle vorzubeugen: Mehr Zeit mit den Kindern zu verbringen bedeutet nicht, deren freie Zeit noch weiter kontrollieren zu wollen und sich noch intensiver als analoge Helikopter-Eltern zu betätigen. Der Begriff des Helikopterns hat sich inzwischen als eine negative Beschreibung von überfürsorglichen Eltern eingebürgert: Eltern, die wie ein Helikopter über ihren Kindern kreisen und sie führen und beschützen wollen (Dehne 2017, S. 375). Helikopter-Eltern sind darauf bedacht, die besten Bedingungen für ihre Kinder in der Gesellschaft von morgen zu sichern und setzen sich besonders engagiert für ihre Kinder ein, was besonders in pädagogischen Einrichtungen zu spüren ist. Die Beschreibung hat deshalb eine negative Konnotation, weil sie nach Ehrgeiz klingt, nach übergriffigen Eltern und nach dauergestressten Kindern, die vom Geigenunterricht in den Schwimmkurs gezerrt werden. Dabei meint Helikoptern einen Erziehungsstil, bei dem den Kindern besonders viel Fürsorge und Aufmerksamkeit zuteilwird. Helikoptern spiegelt die Praxis der intensiven Elternschaft wider, die unsere Gesellschaft prägt und es zeigt, dass manche Eltern sich leisten (können), sich besonders intensiv um das Wohl der Kinder zu kümmern – warum sollten sie das auch nicht tun? Sie gehen lediglich das Risiko ein, diese Rolle als Lebensaufgabe auch später noch ausfüllen zu müssen. Genau deshalb rückten Helikoptereltern überhaupt erst in den Fokus der Wissenschaft: Weil sie an der Universität und in den Sprechstunden von Professoren auftauchten (ebd.). Würden diese Eltern das Helikoptern von der analogen Welt auf den digitalen Spielplatz verlagern, dann wäre viel gewonnen! Denn in der digitalen Welt brauchen die Kinder für ihr Wohl tatsächlich einen schützenden und gerade zu Beginn einen kontrollierenden Blick, den sie in der analogen Welt vielleicht nicht so intensiv benötigen. In der Praxis digitaler Fürsorge ist digitales Helikoptern erwünscht!

5

Bildschirmmedien intelligent nutzen. Der doppelte Auftrag zu digitaler Fürsorge

Vielleicht kennen Sie folgende Situation: Bei einer Zusammenkunft mit einem Ehepaar der international erfolgreichen Sorte, polyglott und im Global Business tätig, wird dem Nachwuchs auf den Zahn gefühlt, was er schon alles wisse und könne. „Und, kannst du auch schon dividieren?", „Wie schnell bist du denn gerannt auf 50 Meter?" Und so weiter. Mein Sohn fürchtet solche Situationen nicht, die er mit viel Witz bestreitet. Ich hingegen hasse sie, sind sie doch ein versteckter Gradmesser der Leistungsorientierung, die im Elternhaus herrscht. Doch dann kommt das Gespräch auf die digitale Bildung, die der Sohn bereits genossen haben sollte. Programmiersprachen? Fehlanzeige. Unweigerlich wird das Gespräch der Erwachsenen ernst und in Richtung wirtschaftliche Anschlussfähigkeit gelenkt. Besorgnis zeichnet sich in den Gesichtern des erfolgreichen Business-Ehepaares ab. Sie mahnen, wie wichtig die digitale Bildung von frühester

© Der/die Herausgeber bzw. der/die Autor(en), exklusiv lizenziert durch **157** Springer-Verlag GmbH, DE, ein Teil von Springer Nature 2020
I. Haese, *Smartphonekids*, https://doi.org/10.1007/978-3-662-61802-8_5

Kindheit an sei, und wie rückständig Deutschland im Vergleich zu anderen Ländern wäre. Programmiersprachen schon im Kindergartenalter lernen, so etwas schwebt ihnen vor, sie kennen das aus Shanghai.

Wie wir oben gesehen haben, brauchen wir keine Angst vor der „mangelnden Anschlussfähigkeit" unseres Nachwuchses zu haben, wenn es um fehlende oder gar keine Berührungen mit digitalen Medien in der frühen Kindheit geht. Allerdings zeigen die Ergebnisse der PISA-Studie von 2015, dass die gemeinschaftlichen Problemlösekompetenzen von Fünfzehnjährigen in asiatischen Ländern wie Südkorea und Singapur besonders stark ausgeprägt sind – Länder, in denen den Schüler:innen die höchste digitale Kompetenz nachgewiesen wurde (PISA Studie 2015). An diesem Beispiel wird deutlich, dass wir Erziehungsberechtigten durchaus einen doppelten Auftrag zur digitalen Fürsorge haben, wenn die Kinder heranwachsen. Das Erste sind die oben genannten Regeln und das fürsorgliche Achten auf den Inhalt und die Dauer der digitalen Mediennutzung und mit den Kindern im Gespräch zu bleiben. Aber das Zweite ist der Auftrag, die digitale Bildung unserer Kinder zu fördern und zu begleiten. Denn obwohl Wünsche wie die der erwähnten polyglotten Gesprächspartner überzogen erscheinen und von der eingangs erwähnten Abstiegsangst der Mittelschicht geprägt ist, so müssen wir uns zu Herzen nehmen, dass die digitale Bildung unserer Kinder auch eine Facette der digitalen Fürsorge ist. Wir sollten uns durchaus mit den Möglichkeiten der Digitalisierung auseinandersetzen!

Ein Ergebnis der eingangs erwähnten Studie „Kinder in der digitalen Welt" führt zu der Erkenntnis, dass es nicht auf die Quantität ankommt, also die Zeit, in der Kinder digitale Medien nutzen, sondern auf die Qualität: Mit *was* verbringen sie dort ihre Zeit? Es ist nicht überraschend, dass es die Kinder von Eltern mit höheren Bildungs-abschlüssen sind, die das Internet zu Recherchezwecken und für Lernspiele nutzen. Sie profitieren von den Über-legungen der Eltern, welche Spiele sinnvoll sind und wo ein digitales Medium sie bei Lernprozessen unterstützen kann. Digitale Lernspiele, sei es zum Lesenlernen, zur Leseförderung, zum Rechnen oder Vokabeltraining, gibt es für jede Altersstufe und in jedem Schweregrad. Gerade die renommierten Verlage von Kinderbüchern, Schulbüchern und Wörterbüchern bieten günstige Lernspiele an. Matific, bettermarks, scoyo: Der Markt ist voll von guten Lernprogrammen und -plattformen – und in Zeiten, in denen das Corona-Virus samt Quarantäneregeln um sich griff, wurden solche Programme von interessierten Eltern noch mehr gehypt als je zuvor. Aber auch hier ist die Devise: Lässt man das Kind allein mit den Aufgaben am PC zurück, so kommt es wieder auf die Fähigkeiten des einzelnen Kindes an, sich selbst zu motivieren – also wie bei jedem analogen Text, der allein gelesen werden soll, und erst im Dialog und gemeinsam machen Lern-programme Spaß.

Coding lernen – auch ein Aspekt digitaler Fürsorge

Wir können unsere Kinder auch im Erlernen einer Programmiersprache unterstützen, und – wenig erstaun-lich – oft gehen Spielen und Lernen auch hier wieder ein-mal Hand in Hand. Etwa beim Spiel *Minecraft*. Dieses Spiel ist an sich bereits ein Programmierspiel, bei dem es darum geht, sich ein Haus oder Häuser aufzubauen und zu gestalten, so dass der Spieler vor nächtlichen Angreifern geschützt ist. Bereits der Akt, um die benötigten Gegenstände auszuwählen, die dann platziert werden sollen, ist wie programmieren. Die benötigten Steine, Glaskuben, Betten, Stühle oder Haustiere werden in einem Baukasten ausgewählt, der allen Handwerkern eine Freude wäre: Jedes erdenkliche Material ist dort zu haben. Die pixelige Grafik ist das Markenzeichen des Spiels, das uns 1980er-Jahre-Kinder an die Zeit erinnert, als wir alle noch die Befehle der ersten Programmiersprachen beherrschten (Löwenstein/Weißenböck 2017). Informatikexperten der Rasperry Pi Foundation empfehlen für intensive Programmiererfahrungen bei *Minecraft* ihr Produkt Rasperry Pi, ein Einplatinencomputer, der sehr günstig im Erwerb ist und extra für Jugendliche entwickelt wurde, damit ihrer Experimentierfreude keine Grenzen gesetzt sind – etwa durch Eltern, die Angst um ihre teuren Heimcomputer haben (ebd.). Anders als früher nämlich dürfen Kinder und Jugendliche kaum mehr Mamas und Papas alte oder gar neue Rechner zerstören, lernen aber auch weniger über die Funktionsweise der Geräte, wenn sie lediglich ein Smartphone oder Tablet besitzen. Wem *Minecraft* zu Achtziger ist, der sollte sich an Scratch versuchen. Die Version Scratch 3.0 ist seit 2019 online und bietet Kindern (und Erwachsenen) die Möglichkeit, Animationsfilme zu programmieren. Charaktere, Bewegungen, Bühnenbilder und Geräusche werden durch das Programm zu einer fantasievollen Collage zusammengebastelt, die beeindruckende Filme ergeben – vorausgesetzt, man bringt die Zeit und Geduld auf, die zahlreichen Befehle und Möglichkeiten zu erkunden. Mein Sohn und ich nutzten die vielen Stunden während der Corona-Schulschließungen dazu, ein kleines, witziges Stück zu programmieren.

Die freie Entwickler:innen-Community schwört übrigens auf das PandaBoard als Alternative zum Rasperry Pi, ebenfalls ein Einplatinencomputer, das über die freie Software Linux gesteuert werden kann. Für den Schulbetrieb wurde der in Großbritannien entwickelte Einplatinencomputer „Calliope mini" in Deutschland eingeführt, dessen Einsatz an den Grundschulen aber nicht unumstritten ist. Es gibt Befürchtungen, dass Firmen wie Google einen Fuß in die Schultüre setzen können, indem sie die gemeinnützige Stiftung, die hinter dem Calliope steckt, für eigennützige Zwecke missbrauchen könnten. Die Medien-Debatte um die Einführung des Calliope mini an Schulen wurde schon in den Jahren 2016 und 2017 geführt. Fraglich war, ob die Arbeit mit den Miniboards von Lobbyisten vorangetrieben wird (Heise-Online 2017). Einen guten Überblick über solche Themen, Stichwort „Googleifizierung", sowie zur digitalen Bildung mit dem Calliope Mini und Rasperry Pi bietet der Pädagoge und Gamer Tobias Hübner in seinem preisgekrönten Blog www.medienistik.de. Inzwischen wird der Calliope, der im Gegensatz zum Rasperry Pi nicht autonom arbeitet, in verschiedenen Bundesländern an Grundschulen eingesetzt und über den Cornelsen Verlag vertrieben.

Der Vorteil, den die Anschaffung eines solchen Platinen-Computers hat, ist die Entwicklung von solidem technischem Verständnis bei Kindern und Jugendlichen. Aber nicht nur bei den Kindern: Auch bei uns Eltern selbst führt der Umgang mit Einplatinencomputern zu neuen Erkenntnissen, was Hard- und Software, Funktionsweise und Programmierbarkeit eines Computers betreffen. Wer weiß eigentlich heutzutage noch, mit welchen Mechanismen eine Festplatte arbeitet oder wie ein Prozessor funktioniert? Hier aber beginnt die digitale Bildung, denn das technische Verständnis unserer Kinder ist die erste Stufe, die sie emporklettern, um mit digitalen Medien umgehen zu lernen. Hinzu kommt, dass wir diese Stufe mit ihm gemeinsam erklimmen können, wenn wir noch nicht dort stehen und noch nie etwas von einer Platine gehört haben. Auch das „Coden“, wie das Programmieren inzwischen genannt wird, können Eltern mit Kindern gemeinsam entdecken. Vermutlich können wir dabei gegenseitig eine Menge von uns lernen. Ich selbst war einigermaßen zwiegespalten, als mein Sohn, inzwischen Viertklässler, mit einem Facebook-Schlüsselanhänger von einem Coding-Workshop aus der Schule nach Hause kam. Natürlich teilte ich seine Begeisterung für das Spiel, das er selbst programmiert hatte: ZombieJal hatte er es getauft und ich konnte es im Internet finden. Super! Allerdings hatte ich Bauchschmerzen wegen des Logos, das über dem Motto „Digital durchstarten“ prangte und nichts Geringeres als den Internet-Giganten Facebook darstellte. War Facebook nicht gerade noch in den Datenskandal zur Wahlmanipulation verwickelt gewesen? Und jetzt verband mein Sohn mit diesem Logo das positive, bestärkende Gefühl, ein Spiel programmiert zu haben – sein erstes Spiel. Ich war der Schule dankbar, dass sie ihm die Teilnahme an einem Workshop zur digitalen Bildung ermöglicht hatte. Aber ich war auch skeptisch, dass ein womöglich demokratiegefährdendes, börsennotiertes Imperium Einfluss auf die Erfahrungswelt meines Sohnes nimmt und ihn so unbewusst manipulieren könnte. Denn Werbung prägt im Kindesalter unser Unterbewusstsein. Deshalb setzen die großen Firmen schon immer darauf, ihre Markenprodukte in der Kindheit der Konsumenten zu platzieren, um später die Kaufentscheidungen in ihrem Sinne zu beeinflussen. Wer von uns Eltern hätte im Jahr 2007, als es mit dem Hype um die Plattform begann, je gedacht, dass dieses soziale Netzwerk einmal zu einem Markenprodukt werden könnte, das in der Schule Einfluss auf unsere Kinder nehmen würde? Diese rasante Entwicklung hat unsere Gesellschaft erfasst und stellt heute alles bisher dagewesene Denken über wirtschaftliche

Erfolgsbedingungen, politische Willensbildung und Teilhabechancen durch Bildung infrage.

Und so bleibt die Gratwanderung, die durch die Zwiespältigkeit der digitalen Bildung und digitalen Fürsorge führt, immer noch uns Eltern überlassen, denn offenbar gibt es weder genügend unabhängige Digitalkompetenz in diesem Land, um Coding-Workshops flächendeckend oder gar als Unterrichtsfach an Schulen anzubieten, ohne dass Internetkonzerne ihre Finger im Spiel haben, noch gibt es genügend Digitalkompetenz an Schulen, um überhaupt für solche Themen zu sensibilisieren (und die Tendenz ist leider aufgrund des extremen Lehrermangels nicht fallend, sondern sogar steigend!). Die Nachrichten über zehntausende fehlende Lehrerstellen sind auch deshalb so alarmierend, weil sie das Defizit der Schulbildung in Deutschland so offensichtlich hervorkehrt. Die Einführung des Erfolgsmodells Grundschule feierte im Jahr 2019 ihr 100jähriges Bestehen, und es war selten deutlicher, dass das deutsche Bildungswesen an Zukunftsfähigkeit eingebüßt hat. Besonders in Berlin, einem der experimentierfreudigsten Bundesländer in puncto Bildungspolitik, hat sich das Vertrauen der Eltern in die getroffenen Entscheidungen erschöpft. Jahrgangsübergreifendes Lernen wurde eingeführt, aber die Lese- und Rechtschreibekompetenz von Drittklässlern verschlechtert sich weiter. Dazu kommen marode Schulgebäude sowie verheerende hygienische Zustände, nicht nur der sanitären Anlagen, und das, obwohl Reform über Reform und die Einführung der Sekundarschulen beschlossen wurden. Neben der wachsenden Stadt die Digitalisierung zu meistern stellt eine ernstzunehmende Überforderung der Berliner Bildungslandschaft dar. Denn Schule darf nicht mehr ohne digitale Bildung auskommen. In der Corona-Krise sahen wir diese Problematik noch deutlicher, so als würde jemand eine Lupe samt Scheinwerfer auf die digitalen Schwachstellen des Bildungssystems halten. Welche digitalen Lernräume dürfen benutzt werden? Darf WhatsApp zur Kommunikation mit Schüler:innen verwendet werden, können Lehrer:innen zoom-Konferenzen abhalten? Umso unerlässlicher ist es, unabhängige Lehrkräfte in den Schuldienst stellen zu können, die kompetent und kritisch zugleich sind, um unsere Kinder mit dem nötigen Rüstzeug für das digitale Zeitalter ausstatten zu können: Nicht nur Coding und Programme, auch Datenschutzrichtlinien müssen verstanden und erklärt, für den Umgang mit persönlichen Daten im Netz sensibilisiert und nicht zuletzt über das oben angesprochene Cybermobbing aufgeklärt werden.

Lernen am Bildschirm – wie es funktionieren kann

Grundsätzlich gilt in jedem Alter der Kinder, dass der Hauptnutzen von Bildschirmmedien und Computern für Kinder vor allem dann gewährleistet ist, wenn wir als erwachsene Bezugsperson greifbar, ansprechbar und in der Nähe sind. Denn in diesem Fall macht dem Kind auch das Lernspiel Spaß, das sonst großes Augenrollen verursacht, weil es als langweilig erscheint. Wenn wir Bildschirmmedien als Lernergänzungstechnik einsetzen wollen, ist es wie mit den echten Hausaufgaben: Sorgfältig gearbeitet wird vor allem, wenn eine Bezugsperson anwesend ist, um auf Fragen zu reagieren und sich die Ergebnisse anzusehen.

Es gibt zahlreiche Lernspiele und Plattformen, die unterstützend zur schulischen Bildung empfohlen werden. Von Schlaukopf, Matific, ClassNinjas, Teacher's Paradise, Mathepirat, Lingoplay, kapiert.de über Anton, Antolin oder orthographietrainer.de bis zum digitalen Vokabeltrainer oder duolingo und babbel zum Spracherwerb. Die besten kostenlosen Spiele werden regelmäßig vom Onlinemagazin Chip bewertet, und wirklich gute Apps, z. B. der PONS-Vokabeltrainer, sollte man sich durchaus eine Kleinigkeit kosten lassen. Da es weltweit im Jahr 2019 rund 2,5 Mio. Apps im Google-App-Store und fast 2 Mio. im Apple-App-Store gab (Statista 2020), ist die Auswahl immens. Doch keine noch so gute App bringt einem Kind etwas, wenn es alleine Aufgaben vor sich hin lösen soll. Zunächst wird die Begeisterung noch groß sein, wenn Sie außer den Lernspielen nichts anderes auf dem Bildschirmmedium installiert haben und das Kind froh ist, dass es endlich an das Display darf. Doch die Freude über Rechen- und Leseaufgaben wird sich schnell legen, denn das Kind weiß, dass es die Zeit an Bildschirmmedien auch anders nutzen kann. Die Kreativität von Kindern ist hier außergewöhnlich hoch. Mein Sohn hat es in seiner Grundschulanfangszeit geschafft, aus dem Kamera- und dem Video-Programm eine freizeitfüllende Beschäftigung zu machen, weil er Schlaukopf langweilig fand und Mathepirat erst recht. Erst der Dialog mit uns Eltern über die gestellten Aufgaben oder das Setting eines Lernspiels kann die Eigenschaft des Bildschirmmediums als Lernhilfe für ein Kind erfüllen. Bildschirmmedien und ihre Lernapps sind also nicht Selbstzweck, sondern nur das Mittel zum Zweck! Wenn ein Kind für ein Referat Informationen sammeln muss, ist es hilfreich, wenn es die Suche mit einer erwachsenen Bezugsperson gemeinsam angehen kann. Die Person kann dem Kind beim Sortieren helfen, und das Kind fühlt sich nicht mit der Fülle von Informationen aus dem Netz alleingelassen. Diese Faustregel gilt allgemein: Kinder sollten nicht unbeaufsichtigt auf der Datenautobahn spazieren gehen. Sie würden Ihr siebenjähriges Kind auch nicht in der Großstadt auf einem vielbefahrenen Verkehrsknotenpunkt aussetzen, von dem es sich garantiert noch nicht selbstsicher wegbewegen kann, und sagen: Du findest schon allein nach Hause.

Und so gilt für uns Eltern in der digitalen wie in der analogen Welt: Das Lernen am Bildschirmmedium ist nur dann eine echte Lernzeit, wenn es zur gemeinsam verbrachten Zeit von Kind und Eltern(-teil) oder einem anderen Erwachsenen wird. Denn schnell wird klar, dass es um den Spaß geht, mit dem Kind gemeinsam zu knobeln und zu lachen und sich zu freuen, wenn es die Aufgaben richtig gelöst hat. Lernen ist erst dann vollbracht, wenn es Spaß macht, und die erwachsene Begleitung ist wie beim Laufenlernen von essentieller Bedeutung als Motivationsfaktor für Kinder. Sicherlich ist im Grundschulalter von elektronischen Lernplattformen oder kostenpflichtigen Nachhilfe-Diensten, z. B. Sofatutor, nicht sofort abzuraten. Experten verweisen auch auf die gestiegenen Teilhabemöglichkeiten von Kindern, deren Eltern einen niedrigen Bildungsabschluss oder Sprachbarrieren aufweisen, seitdem es E-Learning gibt. Es gibt zudem kostenlose Alternativen wie Simpleclub. Aber seien wir ehrlich: Welches Grundschulkind hat Lust, alleine mit Lernvideos und digitalen Lernplänen zu arbeiten? Versuchen Sie lieber, am Schulalltag Ihres Kindes teilzunehmen. Sichten Sie die Hausaufgaben gemeinsam oder den Unterrichtsstoff, den es gerade durchnimmt. Sie werden sehen, dass Ihr Kind von der gemeinsam verbrachten Zeit stärker profitiert als von Lernplattformen — es sei denn, Sie benutzen die Plattform gemeinsam!

Natürlich muss an dieser Stelle eine Ausnahmesituation genannt werden, die sich gerade beim Schreiben dieser Zeilen mit Wucht in unseren Alltag gedrängt hat: Der Corona-Lockdown mit Ausgangsbeschränkungen und Homeschoolingofferte. Schulen stellen plötzlich auf E-Mail-Hausaufgaben um, und eine bessere Ausstattung von Lernorten mit digitalen Lernprogrammen erscheint vielen Eltern plötzlich als unabdingbar. Der Ist-Zustand in Deutschland in Sachen digitaler Schulausstattung sei unzumutbar, so der elterliche Tenor in den sozialen Netzwerken. Auch mein Mann, Gymnasiallehrer in Berlin, lehrt nun von zu Hause aus. Seine Plattform: Die Internetseite der Schule und Hausaufgaben per E-Mail. Eine Mutter fragt an, warum die Schüler:innen eine veraltete Homepage als Kommunikationsmittel nutzen würden und ob die Lehrer:innen keine modernen Plattformen wie etwa twitch.tv benutzen könnten, um die Schüler:innen live zu erreichen. Für die Millenials würde sie das empfehlen. Keine schlechte Idee, antwortet mein Mann. Nur spreche die Datenschutzverordnung dagegen, eine App wie twitch.tv zu nutzen. Aber Bedenken sollte nicht nur die Datenschutzverordnung auslösen, sondern auch die Frage, ob Schule eine E-Sport-Plattform, die sich über Werbeeinnahmen finanziert, nutzen sollte. Der Ruf nach dem anscheinend besseren digitalen Medium, er ist schnell sehr laut, trifft aber auf staatliche Institutionen, die im Interesse aller nur langsam handeln können. Meinem Mann wird von der Schulleitung nahegelegt, als Privatperson über Jitsi mit den Schüler:innen zu kommunizieren, denn das Senatsangebot, der „Lernraum Berlin", dürfe wegen einer fehlenden Genehmigung der Datenschutzbeauftragten noch nicht genutzt werden. Und da die Benutzung von Jitsi genau wie die Konferenz-Plattformen Zoom oder Skype ebenfalls keinen genehmigten Datenschutz anbieten, könne die Schulverwaltung diese Lernmethoden nicht empfehlen. Dem Lehrpersonal nun als Privatpersonen die Risiken des Online-Unterrichtes aufzubürden ist wohl kaum der richtige Weg ins digitale Zeitalter; er zeigt vielmehr, auf welchem Trampelpfad die deutsche Bildungslandschaft in Sachen Digitalisierung immer noch unterwegs ist.

Wir sehen: Die drängenden Fragen zur digitalen Bildung, sie treffen im Frühjahr 2020 ungebremst und mit voller Wucht auf digital schlecht ausgestattete Bildungseinrichtungen und politisch unvorbereitete Institutionen, parallel und zeitgleich zum Anstieg der Corona-Kurve und der Schließung von Schulen. Weil Fragen des Datenschutzes noch nicht geklärt sind greift die digitale Anschlussangst nun zu Recht und besonders stark um sich. Dabei, welch Paradoxie, drehen sich die vielfältigen Möglichkeiten der gemeinsam zu verbringenden Familienzeit unter Lockdown-Bedingungen am Ende in ihr Gegenteil um. Zwar ist plötzlich viel mehr gemeinsame Zeit vorhanden, die sonst mit einem „zu wenig" beklagt wird, doch diese dreht sich unter Corona-Vorzeichen in ein „zu viel" um. Ins Home-Office geschickte Eltern machen sich Gedanken darüber, wie sie ihre Bürotätigkeit in der Küche ausführen und gleichzeitig die Kinder beschäftigen können: Arbeitgeber:innen propagieren angesichts von Corona den „SODIMO", den Social Distancing Mode, und schicken ihre Mitarbeiter:innen reihenweise an die Heim-PCs. Welch paradiesische Zeiten für den digitalen Marktplatz von Lernapps und -spielen, für Onlinedienste und -käufe! Sofatutor bietet sogar einen kostenlosen Probemonat an, denn wer sich bisher noch nicht mit digitalen Lernwerkstätten und E-Learningplattformen beschäftigt hat, der tut es spätestens jetzt. Sofatutor, learnattack und Co, alle haben plötzlich kostenlose Corona-Downloads zum Schnuppern parat. Aber auch in Krisenzeiten sollte das Gebot der digitalen Fürsorge nach zeitlicher Bildschirmbegrenzung gelten, denn nichts ist schwerer, als bereits zu Routine gewordene Zugeständnisse zu vereinbarten Online-Nutzungszeiten später wieder zurückzunehmen. Auch wenn es schwerfällt, im eigenen digitalen Heim die Kinder zu begleiten, es bleibt das zentrale Gebot für digitales Lernen. Mein Sohn entdeckte die Seite Kidsville.de und sollte sich Wörter ausdenken, die ein Programm in kurze Geschichten einfügte. Den meisten Spaß hatte er nicht daran, die Wörter einzutippen, sondern uns Eltern die witzigen Geschichten, die am Ende herauskamen, vorzulesen. Diese Begeisterung am Vorlesen erzeugt keine App der Welt, wenn niemand da ist, der zuhört.

Für die Digitalisierung von Bildung und die Implementierung digitaler Angebote in Schulen kann die Corona-Ausnahmesituation also positiv gewendet als Chance betrachtet werden, auch nachhaltig digitale Medien ins Spiel zu bringen. Wichtig ist für uns alle, die Waage zu halten, die am Ende zu einem Bildungsmix führt, der sowohl analoge als auch digitale Vorteile für die kindliche Bildung zu nutzen weiß.

Digitale Fürsorge: Die Digitalisierung nachhaltig nutzen

All die gebotenen Vorsichtsmaßnahmen täuschen aber noch lange nicht darüber hinweg, welche grandiosen Vorteile die Digitalisierung für Familien bringen. Im eingangs erwähnten Pragmatismusbeispiel eines jungen Vaters, der sich Foodboxen zum abendlichen Kochen bestellt, kommt bereits ein entscheidender Vorteil der Digitalisierung zum Ausdruck. Gerade junge Familien, deren Alltag von digitalen Medien eingenommen ist, können eine gleichberechtigte Arbeitsteilung in der Haushaltsführung mit digitalen Mitteln unterstützen: Er kocht und kauft ein, sie füttert das Baby usw. Und dabei können die Foodboxbesteller:innen auf nachhaltige und/oder vegetarische Produkte achten. So wird das Start-Up-Unternehmen „Whole Foodbox" durch die EU mithilfe von EFRE-Fördermitteln unterstützt, was erstens der strukturschwachen Region Sachsen zugutekommt, und zweitens einem gesunden Lebensstil.

Wenn Eltern ihre elektronischen Kalender aufeinander abstimmen können und es nicht zum Chaos kommt, weil Konferenzen mit Impfterminen kollidieren, profitiert ebenfalls die ganze Familie. Onlinekalender sind ein wahrer Segen für alle, in denen mehr als eine Person berufliche Termine mit Familienterminen abstimmen muss. Ein weiteres Beispiel: Wer gerne gärtnert und auf Foodboxen verzichten kann, weil er oder sie das Gemüse selbst anbaut, kann das keimende Gemüse oder den Garten inzwischen von der Arbeitsstelle aus per Smartphone wässern – ähnlich wie die Heizung unterwegs per App eingestellt oder die Waschmaschine smart eingeschaltet werden kann. Diese Errungenschaften werden gerne unter der Bezeichnung des „Smart Homes" verwendet, zu dessen Sinnbild der Rasenroboter geworden ist. Das Smart Home basiert auf der digitalen Technologie, die es erst möglich macht, Haushaltsgeräte und mobile Geräte miteinander zu vernetzen. Solche Entlastungen kann der zeitgenössische Familienalltag gut gebrauchen, und so wie die Waschmaschine die Führung eines Haushaltes in den 1950er Jahren entscheidend verbessert hat, so verbessert und vereinfacht die Digitalisierung unseren komplexen Alltag, in dem Männer und Frauen mit vielen unterschiedlichen Aufgaben jonglieren müssen. Das Wirtschaftsmagazin „brandeins" brachte 2019 ein ganzes Heft zu den digitalen Nützlichkeiten in unserem Alltag heraus. Aber man darf darüber nicht vergessen, dass der Stromverbrauch in den postindustriellen Digitalgesellschaften durch die Nutzung von Internet, Smartphones und riesigen Servern und inzwischen auch durch die batteriebetriebene Verkehrswende stark gestiegen ist. Daten über einen längeren Zeitraum zeigen, dass seit der Massenverbreitung digitaler

Geräte, die Ende der 1990er Jahre einsetzte, der Stromverbrauch der Privathaushalte und besonders im Dienstleistungssektor gestiegen ist. Kein Wunder: Auch wenn die neuen Haushaltsgeräte weniger Strom verbrauchen, betreiben wir immer mehr elektronische Geräte zu Hause und im Handel. Zwar könnte in Zukunft immerhin der Verbrauch von Heizenergie durch intelligente, digitale Endgeräte weiter gemindert werden. Aber die riesigen Server, die unsere Daten speichern und die allem Digitalen vorausgehen, verbrauchen allein durch die notwendige Kühltechnik so viel Strom, dass wir die Einsparungen immer im Verhältnis zum verbrauchten Strom der kontrollierenden Geräte betrachten sollten. So kommt es, dass etwa das Streamen von Serien per Streamingdienst klimaschädlicher ist als lineares Fernsehen: Nicht nur die Produktion, auch das Speichern und Verwalten der Nutzerdaten sowie das Bereitstellen von Terrabytes für Videos kostet die Dienste Unmengen an Strom und Kühlung. Und das Bestellen von Bio-Foodboxen ist unter dem Gesichtspunkt Klimaschutz höchst doppelgesichtig: Der individuell gesunde Lebensstil kommt aus dieser Perspektive auf Kosten der Allgemeinheit daher, die für die Folgekosten wie Verpackungsmüll und Auslieferung der Lebensmittel (inklusive dem stromverbrauchenden Scanner, den die Paketdienste nutzen) aufkommen muss – nämlich für das ausgestoßene CO^2. Die Privathaushalte in Deutschland verbrauchten in den letzten Jahren viel mehr Strom als man sich in den 1990er Jahren noch erhofft hatte (Abb. 6.1)

Ein Grund für den Energiebedarf, auch im Dienstleistungssektor, ist das immense Wachstum des Onlinehandels, da jedes Objekt nur unter Strom- und Serverleistung

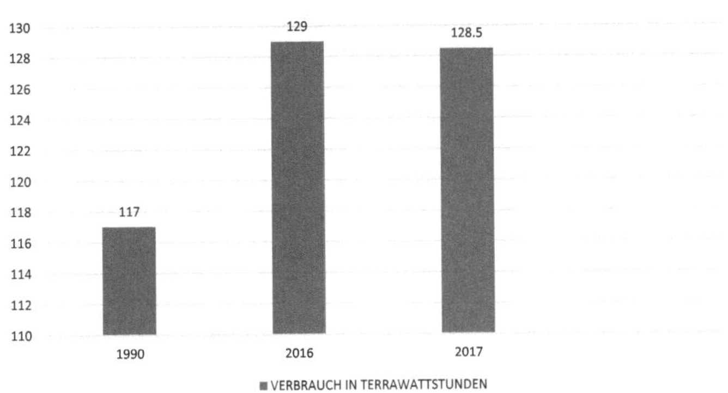

Abb. 6.1 Stromverbrauch in Deutschland von 1990 bis 2017. (Werte 1990, 2016: Quelle Umweltbundesamt, 18.12. 2018, sowie 2017: Statistisches Bundesamt, eigene Darstellung)

sowohl beim Verkaufenden als auch beim Kunden verkauft werden kann. Der Onlinekonsum ist sicherlich kein erwünschtes Phänomen, wenn wir uns den Ladenleerstand in den Innenstädten ansehen, genauso wie die straßenverstopfenden Paketdienste ein urbaner Fluch geworden sind. Aber das Einkaufen per Smartphone und Tablet ist eindeutig praktisch und ersetzt langwierige Einkaufsprozeduren. Wer würde schon gerne drei Vergleichsbesuche in verschiedenen Geschäften unternehmen, bevor das Objekt der Begierde gekauft wird? Digitale Fürsorge heißt hier, sich den Konsequenzen bewusst zu sein, die das eigene Handeln im Internet mit sich bringen. Wer Onlinemarktplätze bevorzugt, darf sich nicht darüber wundern, wenn die Vielfalt des Einzelhandels am eigenen, städtischen Marktplatz ausstirbt. Hier sind wir Verbraucher:innen gefragt: Anstatt den Branchenriesen weiter zu füttern, können wir durchaus bei einem kleineren Händler bestellen, den lokalen Anbieter bevorzugen, und wenn wir uns die Zeit bewusst nehmen: Jeder Buchhändler und jede Buchhändlerin nimmt telefonische Bestellungen entgegen.

Der Onlinehandel mit Gebrauchtartikeln ist wiederum nicht nur praktisch, sondern auch nachhaltiger als das Onlineshopping in normalen Stores. Durch „echte" Secondhandläden zu stöbern braucht ein großes Maß an Frustrationstoleranz, Zeit und Geduld – gemeinhin das, was Eltern nicht beim Shopping verschwenden können, weil sie dieser Dinge bereits im Alltag zu Genüge bedürfen. Auf der einschlägigen Gebrauchtartikelseite im Netz zu recherchieren erweist sich als zeitsparende Alternative. Nachhaltiger Konsum von Ebay-Kleinanzeigen-Artikeln fördert einen ökologischen Lebensstil und relativiert den CO^2-Ausstoß, den das Paketdienstfahrzeug und das eigene digitale Endgerät verursachen. Nachhaltige Do-it-Yourself-Marktplätze wie Etsy machen vor, welche Möglichkeiten digitale Fürsorge bereithält, wenn man diesen Begriff auf den gesamten Lebensstil ausdehnt (www.etsy.com). Dann ist nämlich digitale Fürsorge mehr als nur Achtsamkeit für das eigene digitale Verhalten und die Mediennutzung seiner Kinder. Es ist auch ein Bewusstsein für die Welt und die Umwelt, die das eigene digitale Handeln beeinflussen. Kinder haben sehr feine Antennen für das, was wir mit unserem Gerät anstellen, ob wir es als Dauerkonsummaschine benutzen und uns ein Paket nach dem anderen ins Haus liefern lassen, oder aber mithilfe des Gerätes die alten Bauklötze weiterverkaufen und getragene Kleidung wiederverwerten.

Digitale Fürsorge umfasst mehr, als sich „nur" den Gebrauch von Smartphone und Tablet in der Familie bewusst zu machen. Digitale Fürsorge bedeutet auch, sich den Folgekosten und Konsequenzen zu stellen, die das Benutzen von digitalen Geräten mit sich bringt. Es ist ein Abwägen zwischen Kosten und Nutzen, die ich mir bewusst machen muss, um in einer sich permanent erwärmenden Welt weiter leben zu können. Digitale Fürsorge steht also im Dienst eines nachhaltigen Gebrauchs der digitalen Technologie. Und zwar ganz analog – es ist ein kritisches Abwägen, das ohne App auskommt.

Dem Dauerkonsum widerstehen – oder was digitale Fürsorge noch bedeutet

Mit der Digitalisierung hat auch der Markt unsere Allerkleinsten erreicht: Wer heute aufwächst hat die Vorstellung von mobilen Endgeräten und Bildschirmmedien so sehr verinnerlicht, dass ein Leben ohne diese Geräte unmöglich erscheint. Mit den smarten Bildschirmmedien ist eine Stufe der technischen Entwicklung erreicht, die Alltagsgerät und Konsummittel gleichzeitig ist. Es verbindet uns nicht nur mit anderen Menschen und schafft alle Möglichkeiten, wie Enthusiasten immer wieder betonen, sondern es eröffnet uns einen permanenten Markt. Unsere Kinder werden in allerjüngstem Alter an diesen Markt der unbegrenzten Möglichkeiten herangeführt und sind so bereits Teil des so genannten „Plattformkapitalismus" (Lobo 2014), unter dessen Bedingungen sie später einmal arbeiten werden. Sie werden von dem Medium selbst zu Dauerkonsumenten erzogen, indem sie ihr Nutzungsverhalten als Konsument:in schon früh verinnerlichen. Damit meine ich nicht nur die Nutzung eines Play-Stores oder eines App-Stores, dessen Bezeichnung als „Store", also Geschäft oder Markt, noch eine Unterscheidung zwischen der Konsum-Sphäre und der Nutzungs-Sphäre zulässt. Und ich meine nicht nur die immer und überall verlockende Möglichkeit, Dinge konsumieren zu können, die später per Paket versandt werden. Diese Möglichkeiten sind nur ein Ausdruck der eigentlichen *Konsumerziehung:* Ich meine damit, dass die intuitive Nutzung dieser Geräte bereits ein Konsumverhalten bei unseren Jüngsten ausbilden lässt, das ein Nicht-Besitzen von diesem technischen Gerät gar nicht mehr als Möglichkeit zulässt, und infolgedessen ein nicht-konsumieren-*Wollen* gar nicht mehr als Option zulässt, weil alles, was wir mit den Bildschirmmedien tun können, die Befriedigung von Konsum-Bedürfnissen ist. Sicherlich, es ist durchaus praktisch und von Vorteil, dass wir alles im Hier und Jetzt recherchieren können, dass wir unsere Arbeit an diesen Geräten immer und überall bewältigen können, dass wir einkaufen und andere alltägliche Dinge mit ihm vollziehen können. Aber versuchen Sie einmal, dem Impuls einer Internetrecherche zu widerstehen, die Sie jetzt und sofort durchführen könnten. Warum soll ich das jetzt unterlassen, das ist die erste Frage, die Sie sich stellen werden. Dabei ermöglicht das Nicht-Wissen ganz andere Gedankengänge als das gezielte Googeln: Googeln Sie doch einfach mal gezielt nichts, und Ihre Phantasie malt sich vielleicht Dinge aus, von denen Sie sonst nicht geträumt hätten. Ein Kind im Bekanntenkreis träumte genau einen Tag lang von einem Trampolin im Garten, das im Boden eingelassen ist. Doch dann kam es auf die Idee, ein Bodentrampolin bei Google zu suchen und so wurde es blitzschnell von der harten Realität eingeholt, dass es in der Umsetzung ein Fundament bräuchte, viel zu teuer wäre, die Baumwurzeln zerstören würde und für den Garten nicht in Frage kommt. Dieses sofortige, jähe Zerplatzen eines Traumes, der noch nicht einmal herangereift war, so schnell musste er unter den gewichtigen Argumenten der erwachsenen Realitätswelt begraben werden, hat mich stutzig gemacht: Eine Kindheit ohne Träume? Eine Kindheit mit Google ist eine Kindheit mit Fakten oder Fake, aber keine Kindheit, die die Phantasie beflügelt. Erst in der Bewusstmachung solcher Nebeneffekte können wir gezielt mit ihnen umgehen. Es gibt auch für die Praxis der Entdigitalisierung, Stichwort Digital Detoxing, längst kleine digitale Helfer, die auf zu lange am Smartphone verbrachte Zeit aufmerksam machen. Oben wurde auf die App Quality Time hingewiesen, aber es gibt auch kreative Ideen wie die Forest-App: Sie lässt einen Baum wachsen, solange ich keine anderen Programme auf dem Smartphone öffne. Einziger Nachteil: Auch diese App kostet. Und sie nährt und füttert den Smart-Education-Markt und weist auf das Paradox hin, das eine digitale Entdigitalisierung bedeutet. (Auch kostenlose DetoxApps, in der Zeitlimits für bestimmte Dienste und Programme festgelegt werden, lösen dieses Paradox nicht auf, es ist vielmehr das gleiche Paradox wie bei ScreenTime oder FamilyTime.)

Oder üben Sie sich darin, eine Nachricht nicht gleich zu lesen, die Sie erhalten haben. Dieses Verhalten, das nach dem eingeübten Reiz-Reaktions-Schema „Push-Nachricht – Blick auf das Display" abläuft: Immer und überall können wir alles haben und unseren Wünschen nachgehen, es besteht IMMER und ÜBERALL die Möglichkeit, sich zu informieren – ich kann JETZT und HIER die Möglichkeiten des Konsums, des Informiert-Werdens, des günstigen Erheischens, des Haben-Könnens und Einverleiben-Wollens befriedigen.

Onlinehandel, Share-Economy, die Dienste von Amazon-Prime: Das alles sind und bleiben Märkte. Soziolog:innen sprechen in diesem Fall von einer Ökonomisierung aller Lebensbereiche (Peetz 2014). Dieses, durch den digitalen Fortschritt *geformte Menschenbild* ist es, das wir uns als digital fürsorgliche Eltern bewusst machen müssen. Letztlich gehören unsere Kinder zu einer ganz neuen Generation, die als 24-Stunden-Konsumenten aufwachsen. Die Grenzen zwischen Medienkonsum und Online-Shopping verschwimmen noch viel stärker als in der alten Fernsehwelt: Mein Sohn folgt einem YouTuber, und der beeindruckt ihn durch seine Sprache, seine Performance. Und dann hält dieser YouTuber ein T-Shirt hoch, das er designt hat und im nur einen Klick entfernten Onlineshop verkauft. Natürlich will mein Sohn dieses T-Shirt, genau das, was vom YouTube-Star beworben wird und was er unmittelbar verkauft. Konsumlogiken verwischen, werden unsichtbar, werden eins mit Sehgewohnheiten. Der AppStore als immer zur Verfügung stehender Markt prägt die Denk- und Fühlweise unserer Kinder weitaus mehr als es ein zufällig erhaschter Blick auf ein gruseliges oder verschreckendes Bild dies vermag. Träume und Ideen, die ohne Zweck und Nutzen sind, sondern die es gibt, um unsere Phantasie zu beflügeln, werden gering geschätzt in einer Kultur, die nur noch auf die sofortige Bedürfnisbefriedigung abzielt.

Denn es ist die untergründige Erwartungshaltung, die hier geschult wird: Jede erwünschte Befriedigung jetzt und hier und sofort per Klick erlangen zu können, wenn nur die Technik es zulässt. Es ist ein technikzentriertes Begehren, das aus dieser Erfahrung erwächst. Es ist auch das Bild einer Welt, die vermittelt: Wenn es technisch möglich ist, kannst du alles haben. Es ist nicht mehr die Technik*gläubigkeit* als eine Fortschrittsgläubigkeit, die hier als Ideologie in unser Leben eindringt, sondern es ist die Technikabhängigkeit, die unser Leben bestimmt. Und diese Abhängigkeit erweist sich längst als wirkmächtig für alle Bereiche unseres Lebens. Die Ärztin kann nicht mehr arbeiten, ohne dass ihre elektronischen Geräte von einem IT-Manager gewartet werden, der Bankangestellte kann nicht mehr arbeiten, ohne dass die IT-Abteilung seine PCs mit den neusten Updates versorgt hat. Kein Büro funktioniert ohne technische Betreuung, kein Ladengeschäft kann mehr ohne sie geöffnet und geschlossen werden. Kein Paket wird ohne Scan geliefert, kein Einkauf läuft ohne Barcodescanner, *mehr als die Hälfte aller Einkäufe* der unter Vierzigjährigen wird online abgewickelt (Handelsjournal 2018), und wegen des Corona-Shutdowns 2020 wird sich die Online-Konsumrate noch viel drastischer erhöhen. Auch der Stromausfall in Berlin-Köpenick am 19./20. Februar 2019, der über 30.000 Haushalte über 24 Stunden lang betraf, ließ das gesamte öffentliche Leben kurzzeitig stillstehen, sogar der Mobilfunk und die Telekom-Festnetze waren davon betroffen. Die Polizei und der Notruf sowie ein großes Krankenhaus waren telefonisch nicht mehr erreichbar, Schulen und Kindergärten blieben geschlossen, genauso wie das Bürgeramt und alle Einrichtungen, deren Arbeit über Computer und betriebseigene Server verrichtet wird, und weil die Ampeln ausfielen, musste der Verkehr per Handzeichen geregelt werden. Es sind solche Ausnahmesituationen, die uns ins Bewusstsein rufen, wie abhängig unsere Arbeit und unser Alltag von den technischen Errungenschaften sind und wie stark unsere Existenz und unser Menschenbild von der Funktionalität der Technik geprägt sind. Die Bewohner:innen in Köpenick konnten nicht mehr heizen, nicht mehr einkaufen, es gab kein Licht, keine Straßenbahnen und keine elektronische Unterhaltung mehr. Im Grunde erodiert in solchen Situationen das Selbstbild, das wir von uns haben, denn es wirft uns auf das zurück, was wir sind: Körperliche Wesen, keine Konsumenten.

Wir sollten uns diese Konsumenten-Logik bewusst machen, um digitale Fürsorge leisten zu können. Zur digitalen Fürsorge gehört auch, mit seinen Kindern – oder allein – das Aufschieben von Bedürfnissen einzuüben und sich die Markt-Logik des Bildschirmmediengebrauchs vor Augen zu führen. Und dazu gehört, der Saturn- und MediaMarkt-Werbung zu widerstehen, die immer neuere und immer günstigere Smartphones im Sortiment aufführen, um uns zu verführen, wieder ein neues Gerät anschaffen zu wollen. Und ein noch geringfügig Besseres, oder gleich zwei. Für die seltenen Erden, die in den smarten Geräten für den Weltmarkt verbaut werden, müssen Menschen unter gefährlichen und unwürdigen Bedingungen arbeiten – auch davor verschließen wir europäischen und nordamerikanischen Konsumenten gerne die Augen: Dass unser technischer Fortschritt bitter erkauft wird durch eine global ungerechte Arbeitsteilung und zum Preis ihrer ökologischen Verschmutzung. Mir ist bewusst, dass ich als Autorin dies nur deshalb auf einem elektronischen Gerät schreiben kann, weil ich selbst von dieser Arbeitsteilung profitiere – die Ambivalenz der reflexiven Moderne lässt grüßen (Giddens 1996, S. 59 ff.).

Die Vorteile der Digitalisierung, die wir beim Schopfe packen sollten, lassen sich ohne diese kritische Reflektion nicht umsetzen. Denn es ist auch wieder die Digitalisierung, die durch die Umbrüche auf den Arbeitsmärkten Menschen verelenden lässt, die Exkludierte und Überflüssige hervorbringt, oder die ökologischen Schutzgebiete, etwa den Salzsee von Uyuni im südlichen Bolivien, für den Abbau seltener Erden zerstört. Die Perversion unserer Zeit ist, dass diejenigen, die für die digitalen Endgeräte seltene Erden abschürfen, selbst am wenigsten von der Digitalisierung profitieren. Dieses Wissen müssen wir mit unseren Kindern teilen! Wir Eltern stehen in der Pflicht, uns darüber zu informieren, unter welchen Bedingungen Smartphones und Tablets hergestellt werden, wenn wir sie unseren Kindern in die Hände geben und sie darüber aufzuklären, denn es geht darum, ihr Bewusstsein für die Welt zu schärfen, in der sie leben. Digitale Fürsorge ist auch eine kritische Haltung, die wir unseren Kindern mitgeben können, nämlich nicht alles sofort und jederzeit haben zu müssen.

Technische Ermächtigung II – Frauen müssen aufholen

Die Technikabhängigkeit erweist sich aber auch in anderer Hinsicht als gesellschaftliche Herausforderung. Denn sie hat eine geschlechtsspezifische Komponente. Digitale Fürsorge umfasst nicht zuletzt und unbedingt den Punkt der technischen Ermächtigung. Die Journalistin Alexandra Borchardt legt Wert darauf, die Möglichkeiten der Digitalisierung zur Teilhabe für die, die bisher nichts abbekommen haben vom globalen Wirtschaftskreislauf, zu betonen: Theoretisch könne sich jeder Mensch mit Smartphone in diesen einklinken und beginnen zu lernen, Waren oder Dienstleistungen anzubieten oder Geschäfte zu machen – alles, was Menschen in Schwellen- und Entwicklungsländern eben heute können. Frauen in solchen Ländern könnten also von der Digitalisierung besonders profitieren, denn bisher sind sie es, die von Wirtschafts- und Geldkreisläufen überwiegend ausgeschlossen wurden (Borchardt 2019). Anders, so Borchardt, sähe es in den Mittelschichten der entwickelten Industrienationen aus:

> „Der sichere Arbeitsplatz verschwindet zunehmend zugunsten einer On-Demand-Wirtschaft, in der Leistung auf Abruf bestellt und pro Einheit bezahlt wird. Die Digitalisierung führt dazu, dass die Einkommen aus Arbeit sinken und die aus Kapital steigen. Frauen haben oft das Nachsehen, weil sie davon weniger besitzen und deutlich seltener Firmen gründen." (ebd.)

Borchardt kommt zu dem Schluss, dass die digitale Welt weitgehend von Männern gestaltet wird und es dementsprechend Männer seien, die die „Winner-take-all"-Wirtschaft (vgl. Kapitel „Angst und technische Ermächtigung") gestalten. Und dieses Gestalten ist ganz plastisch zu verstehen als das Füttern und Programmieren von Algorithmen, die unser Leben in vielerlei Hinsichten bestimmt.

Die Zahlen untermauern diese These: So ist die Geschlechterverteilung in technischen Berufen, etwa in der IT-Branche, eine ganz zentrale Dimension für die Reproduktion von Geschlechterungleichheit. Die Geschlechterverteilung unter Programmierer:innen zeigt, dass der Beruf je nach Gehaltsklasse bis zu 92 % von Männern dominiert wird. In Deutschland lag der weibliche Anteil in der IT-Branche im Jahr 2018 einer Bitkom-Umfrage zufolge bei 28 % „aller Angestellten". Das bedeutet laut Bitkom folgendes: Unter den Top-Managerinnen im IT-Business waren gerade einmal 7 % Frauen, und der Anteil von Frauen im Mittel-Management beträgt 8 %. Unter allen IT-Fachkräften, also auch den einkommensschwächeren, finden sich mittlerweile 17 % Frauen (Bitkom 2018). Die einflussreichste und mächtigste Gruppe ist also die mit dem niedrigsten Frauenanteil, während die unqualifiziertere Sparte der Programmierer:innen und Systemberater:innen immerhin einen Frauenanteil von 17 % aufweist, was immer noch wenig ist. Festzuhalten bleibt: Je qualifizierter und verdienstreicher die IT-Ausbildung ist, desto weniger Frauen sind in der IT-Branche zu finden. Die Bitkom weist darauf hin, dass der Frauenanteil langsam, aber sicher steigen würde. Doch eine Zufallsstichprobe aus der Speaker-Liste bei der unabhängigen Entwicklerkonferenz Devoxx zeigt, dass im Jahr 2018 unter vierzig Vortragenden zum Thema Internetsicherheit genau zwei (!) Frauen zu finden sind. Diese Zahlen deuten auf eine extreme Kluft hin, die es in der IT-Entwickler:innenbranche zwischen Männern und Frauen gibt. Alexandra Borchardt kommt gar zu dem ernüchternden Schluss, dass die Zahl der Informatikerinnen in den letzten Jahrzehnten rückläufig sei, weil es für Frauen schwer ist, sich zwischen „Nerds und Hipstern" einen Platz zu erobern. Es sind die Entwickler des digitalen Zeitalters, die heutigen Bill Gates', Mark Zuckerbergs' oder Steve Jobs', und es sind Programmierer in den Fußstapfen des Huawei-Gründers Ren Zhengfei, die an der Digitalisierung ihre Millionen und Milliarden verdienen. „Risikokapitalgeber bevorzugen männliche Firmengründer" bilanziert Borchardt, und der Kreislauf aus Benachteiligung und fehlenden Gestaltungsmöglichkeiten setze sich fort. Professionelle IT-Beratung, das ist die Berufsklasse, in der heute neben der Manager- und Gründersparte Geld verdient wird – zukunftsträchtig ist darin besonders die Sicherheitsberatung, denn Cybersicherheit ist für jedes Unternehmen heute unabdingbar. Laut Computerwoche verdienten IT-Fachkräfte, die in einem Unternehmen der Chemie-, Pharma- oder

Medizin technikbranche arbeiten, zwischen 93.000 und 95.000 EUR im Jahr 2017 (Computerwoche 2019). Zum Vergleich: In der frauendominierten Pflege verdient man weniger als ein Drittel davon, nämlich 25.000 EUR. Und eine Sozialpädagogin kommt auf 32.000 EUR brutto. Damit verdienen die gehobenen und mittleren IT-Berater:innen ein Vielfaches dessen, was in klassischen Frauenberufen bezahlt wird – aber die einen, nehmen wir die Bankangestellte, die Referentin eines Verbandes oder die Sprechstundenhilfe beim Arzt, können ihren Beruf nicht ausüben, wenn der PC abstürzt und der zu 92 % männliche Programmierer krank ist. Die technische Abhängigkeit ist damit verstrickt in eine neue Dimension der Geschlechterungleichheit. Die Bitkom weist zwar darauf hin, dass der Frauenanteil in der Branche langsam, aber sicher steigen würde. Dennoch: Aktuell deutet alles auf eine gewaltige Kluft hin, die es in der IT-Branche zwischen Männern und Frauen gibt, und diese wirkt sich auf die Gehaltsunterschiede in unserer Gesellschaft aus. Es ist absurd, aber Frauen in Europa haben die Abhängigkeit qua Gesetz, dann die finanzielle Abhängigkeit qua Beruf hinter sich gelassen, aber jetzt ist die Mehrheit der Frauen qua technischem Wissen wieder von Männern abhängig. Perfide daran ist, dass die Konsument:innen-Logik („ich kann alles jederzeit haben") und die Social-Media-Logik („ich kann jederzeit Öffentlichkeit herstellen und an ihr partizipieren") galant darüber hinwegtäuschen, dass die meisten von uns in keinem Moment an der Macht teilhaben, die sich durch die Digitalisierung entfaltet. Problematisch ist, dass auch die geschlechtsspezifischen Vorlieben von Jungen und Mädchen mit verantwortlich für diese Entwicklung sind. Jungen suchen mit ihren Freunden nach „Hacks" für das Lieblingsspiel und treffen sich im Chatraum der angesagten Spiele unter sich –

momentan ist es noch „Brawl Stars" – und meistens sind es reine Jungengruppen.

Umso mehr ist digitale Fürsorge für Mädchen ein Mittel, dem entgegenzusteuern und ihren Programmiererinnengeist zu wecken. Der größte Unterschied, den die JIM-Jugendstudie 2018 zwischen der technischen Nutzung von Jungen und Mädchen erkannte, lag tatsächlich in der Ausstattung der Geräte: Während 41 % der Jungen über einen stationären Computer das Internet nutzten (natürlich zusätzlich zum Smartphone), standen ihnen nur 19 % der Mädchen gegenüber, die einen stationären Computer nutzen. Und das liegt nicht an der fehlenden Ausstattung: Die Mehrheit der Mädchen, 65 %, sind mit Computer oder Laptop ausgestattet. Aber es sind offenbar immer noch mehrheitlich Jungen, die sich mit dem Innersten der Cyberwelt, der Soft- und Hardware, und ihrem Funktionieren auseinandersetzen, denn dafür sind stationäre PCs bessere Geräte als Smartphones. Die technische Ermächtigung von Mädchen ist damit ein weiteres Gebot unserer digitalen Fürsorge, und es könnte mit der Ermunterung beginnen, den PC auseinanderzunehmen. Bedarf gibt es genug: Die Bitkom vermeldete Ende 2018, dass durch alle Branchen hinweg 82.000 offene Stellen für IT-Fachkräfte bereitstünden.

Analog gemeinsam statt virtuell einsam. Ein Schlusswort

Eltern heute agieren zwischen einer zwiegespaltenen Realität aus erschöpften, arbeitenden Eltern auf der einen Seite und dem Paradigma der kindzentrierten, „intensiven Elternschaft" auf der anderen Seite; wir wollen keine

Helikopter-Eltern sein aber gleichzeitig ist digitales Helikoptern angebracht wie nie zuvor; wir wollen uns in der Arbeit verwirklichen, aber wir wollen unsere Kinder auch nicht den überforderten Betreuungsinstitutionen überantworten. Den Spagat, den Eltern heute zwischen all den gestellten Anforderungen an sie als Individuen und gleichzeitig als Eltern ausführen sollen, ist damit mehr als ein Spagat, sondern eher eine Verrenkung, die nur um den Preis gesundheitlicher Folgekosten zu leisten ist. Und zwar für Kinder und Eltern gleichermaßen. Wie stark all diese Anforderungen an den Nerven zehren, zeigte sich im außergewöhnlichen Corona-Shutdown, in dem sich viele Familien alleingelassen fühlten. Die Aufgabe, den Kindern Medienkompetenz zu vermitteln und uns Eltern die Angst vor den Smartphonekids zu nehmen, hatten die Bildungseinrichtungen schon vorher nicht übernommen. Wir waren und sind selbst gefragt.

Die digitale Fürsorge ist eine Haltung, die wir Eltern uns selbst und unseren Kindern gegenüber einnehmen müssen, wenn wir unsere Kinder sicher durch das schäumende Meer der Digitalisierung begleiten möchten. Und eins ist klar: Wir müssen sie begleiten, weil die Schulen es weiterhin nicht können. Über den flächendeckenden Ausbau der schulischen Ganztagsbetreuung, so scheint es, hat die Landespolitik das Thema Digitalisierung komplett verschlafen. So gibt es noch immer keine Schulfächer und nicht genügend kompetente Pädagogen, die unsere Kinder angemessen mit digitalen Kompetenzen ausstatten können. Die Corona-Krise im März 2020 wirkte wie ein Katalysator für dieses gesellschaftliche Problem, dessen Lösungsentwicklung sich nun in einem Zeitraffer vollziehen muss. Tobias Hübner schreibt in seinem Blog über den Boom der digitalen Bildung in Corona-Zeiten:

„[N]och nie überschlugen sich die Ereignisse so wie jetzt, in der Corona-Krise. Im Eilverfahren werden nun entscheidende Weichenstellungen vorgenommen, die Schulen vermutlich noch in Jahrzehnten prägen werden. **Geschwindigkeit** ist dabei der entscheidende Faktor. Es muss eine funktionierende Lösung her und zwar jetzt. Dabei sind nicht nur die Kosten, sondern auch der Datenschutz, demokratische Mitbestimmung oder die Frage nach dem Einsatz proprietärer Software bestenfalls zweitrangig. Wer hätte etwa noch vor einem Monat geglaubt, dass Schulbehörden jemals – wie jetzt in Niedersachsen geschehen – den Einsatz von WhatsApp zum Schulgebrauch freigeben?" (www.medienistik.de)

Hübner diagnostiziert wegen der verschlafenen Digitalisierung an Schulen und der brachliegenden Fördergelder des Digitalpakets der Bundesregierung, dass nun die Stunde der großen Digitalkonzerne schlage: Die „Googleifizierung der Bildung", die wir aus den USA kennen, sie könnte nun im Eiltempo auch hierzulande vollzogen werden. Und damit nicht genug: Die Schulen agierten hoffnungslos überfordert während der Corona-Krise, die Bildungsverwaltungen standen ohnmächtig vor dem GAU angesichts eingeforderter digitaler Lernmöglichkeiten; Lehrer:innen schrieben Eltern mit E-Mails an, um mit Schulkindern kommunizieren zu können. Wessen Eltern sprachlich oder in Ermangelung von Endgeräten nicht in der Lage waren, zu reagieren, der oder die haben gehörig Pech gehabt. Ihnen fehlen nicht nur acht bis 12 Wochen Schulstoff, sondern überhaupt der Kontakt zu ihren Lehrer:innen. Auch wenn es die gegenteiligen, positiven Erfahrungen geben wird (vgl. Kap. 1): Welche langfristigen Konsequenzen die verschlafene Digitalisierung im Bildungsbereich zeitigen werden, macht sich erst auf lange Dauer bemerkbar. Auch die Lehrerin meiner Tochter wendete sich per E-Mail an uns Eltern einer 1., 2. und 3.

Klasse und riet uns, neben dem computerbasierten Lernen über Antolin, Anton und Matific ganz normale Stundenpläne für das strukturierte, analoge Lernen zu Hause einzurichten. Die Lehrerin empfahl uns, abgearbeitete Lehrpläne mit einer Sonderausgabe der „Sendung mit der Maus" zur immer gleichen Uhrzeit zu belohnen, ganz abgestimmt auf das Motto des digitalen Lernens: Digitales sollte Analoges sinnvoll ergänzen, nicht ersetzen. Außerdem plädierte sie dafür, ganz einfache Handarbeiten wie Stricken, Nähen und Häkeln mit den Kindern wiederzuentdecken und mit ihnen zu malen. So einleuchtend und kindgerecht diese Vorschläge auch sind: Sie sind in erster Linie an die Mütter und Väter gerichtet, die Handarbeit beherrschen (und auch wenn ich das Glück habe, mit einem Mann verheiratet zu sein, der stricken kann, sind das vermutlich überwiegend die Mütter), und sie setzen zweitens gesunde, duldsame, beruflich unbelastete Mütter oder Väter voraus, die ihren Kindern all das beizubringen in der Lage sind und die diese E-Mail lesen. Da Schulen auf eine solche Situation wie den Corona-Lockdown nicht vorbereitet waren, war die E-Mail der Lehrerin als unterstützende Geste und aufmunternder Trost sehr wertvoll für mich, ich habe mich sehr gefreut – aber dennoch wog mein Wissen schwer, dass manche Kinder von dieser E-Mail nicht profitieren würden und auch die Aufgaben per Mail nicht bei ihnen ankommen würden. Noch gravierender zeigte sich die ungleiche Situation in Woche fünf des Shutdowns im Chat der Gesamtelternkonferenz, als wir feststellten, dass zwar viele Lehrer:innen Kontakt zu ihren Schüler:innen aufgenommen haben, manche Klassen aber noch gar nichts von ihren Lehrer:innen gehört haben und es umgekehrt von manchen Kindern überhaupt keine Rückmeldung gab. Im Krisenmodus fielen die Bildungschancen für Kinder aus bildungsfernen Elternhäusern plötzlich auf das Niveau der 1970er Jahre zurück. Während der Corona-Krise

ist bereits klar, dass Schüler:innen aus benachteiligten Elternhäusern zu den Verlierer:innen der fehlenden Vermittlung von
digitaler Fürsorge an Schulen gehören. Schließlich, aber nicht
als Letztes, sollte digitale Fürsorge ein Thema für die soziale
Arbeit werden, denn wo Eltern aus sprachlichen oder gesundheitlichen oder anderen Gründen keine digitale Fürsorge
praktizieren oder mit ihren Kindern einüben können, müssen
soziale Arbeit und Schule die Vermittlung übernehmen
können. Das ist eine Erkenntnis, die sich aus der Risikoanalyse
der ersten Kapitel ergeben hat. Hier ist Politik entscheidend
gefragt, Schulen und Trägerlandschaft entsprechend auszustatten, und zwar nicht nur mit Technik, sondern besonders
mit geschultem Personal.

Die wichtige Botschaft der digitalen Fürsorge lautet:
Lieber gemeinsam mit den Kindern Dinge entdecken
und Gelegenheiten zu nutzen, als die Kinder über einen
unbestimmten Zeitraum allein der virtuellen Welt zu
überantworten. So ist es für alle bereichernd, wenn ein

Elternteil mitverfolgt, wie sich das Kind über die richtigen Antworten bei Antolin freut – geteilte Freude ist nämlich doppelte Freude. Denn nur, wer mit seinem Kind gemeinsam Dinge erlebt oder ihm die Möglichkeit gibt, mit einer Bezugsperson gemeinsame Dinge zu erleben, fördert die Bereitschaft des Kindes, sich auf andere einzulassen, offen zu werden für Vorstellungen von anderen und schließlich, Kompromisse eingehen zu können: Eigenschaften, die unsere Kinder in der Welt von morgen brauchen werden – und auch die Einsicht teilen zu lernen, warum etwa grenzenloses Onlinespielen nicht gut für die eigene Entwicklung ist. Unter all dem, unter all den Aspekten von Lernen und Aushandlungen, steht als Fundament die Qualität einer ganz normalen Bindung, die Sie oder eine andere wichtige Bezugsperson zum Kind in der analogen Welt entwickelt haben. Deshalb ist das Augenmaß in der Einhaltung von Regeln so wichtig: Wer stur seinen Stiefel schnürt und dem Kind ausnahmslos jeden Tag seine ausgehandelte Onlinezeit gewährt, ohne auf besondere Gegebenheiten einzugehen, der kann nur wenig bis keinen Anteil an der Welt des Kindes haben, weil man dann als Bezugsperson keinen Einblick in diese erhaschen wird. Worauf ich hinauswill, ist die Wichtigkeit des gemeinsamen Entdeckens der digitalen Welt als Familie trotz der fürsorglichen Achtung von Grenzen und Regeln. Im gemeinsamen Erleben der digitalen Welt liegt uns ihre ganze Größe zu Füßen, ansonsten bleibt sie nur ein kleines Fenster, durch das jeder für sich allein seine kleine Welt einsehen kann. Nichts ermöglicht das Erleben dieses Ausblicks und dieser Größe besser als eine gute, vertrauensvolle Bindung zu unseren Kindern. Diese zu vertiefen, das ist die Chance unseres Lebens, denn wir geben einem jungen Menschen alles, was wir geben können, mit auf den Weg. Hand in Hand, analog *und* digital gemeinsam, das könnte ein Leitmotiv sein, mit

dem wir unsere Kinder in die digitalisierte Welt hinaus-
schicken. Oder wie es weiter oben genannt wurde: Da
sein, wenn Hilfe erwünscht ist und ansprechbar sein,
wenn Fragen entstehen. Es lohnt sich jeden Tag aufs
Neue, eingeübte Praktiken und Routinen zu überprüfen
und zugunsten einer gemeinsam mit den Kindern verbrachten Zeit neu zu justieren. Von der Bindungsquali-
tät nämlich hängt das Vertrauen ab, mit dem Kinder uns
von ihren eigenen Ängsten, Nöten und Sorgen berichten
können. Kinder, die nicht erlebt haben, dass es offene
Ohren für ihre Sorgen gibt, wenden sich im Jugendalter
seltener an die Eltern, wenn sie in ernsthafte Sorgen und
Schwierigkeiten geraten und sie werden im Erwachsenenalter weniger in der Lage sein, Hilfe für sich in Anspruch
zu nehmen, wenn sie Hilfe benötigen. Wenn Kinder
gelernt haben, dass ihre digitale Praxis ein Ärgernis für
die Eltern ist, dann wenden sie sich entsprechend zaghaft
(oder gar nicht) an die Eltern, wenn sie online gemobbt
werden oder anderweitig schlechte Erfahrungen in der
Netzwelt machen. Wenn Sie sich unsicher sind: Zeigen
Sie Ihrem Kind Ihre eigene Unsicherheit, berichten Sie
ihm davon! Ihr Kind wird großes Verständnis dafür haben,
dass Ihnen der „richtige" Umgang mit seinem Smartphone
und all den Regeln und Geboten, die es gibt, schwerfällt. Offenheit über die eigenen Unsicherheiten ist der
beste Weg, um das verständnisvolle Fundament in der
Eltern-Kind-Beziehung zu stärken, und je älter das Kind
wird, umso wichtiger ist diese Offenheit.

Die mit der Familie unternommenen „Offline-
Aktivitäten" sind entscheidend für die Qualität der
digitalen Fürsorge. Diese wichtige Erkenntnis mutet auf
den ersten Blick paradox an: Es ist die analoge Bindung
zu unseren Kindern, die für ihren Weg in die digitalisierte
Welt entscheidend ist. Und diese Bindung können wir nur
durch gemeinsam verbrachte Zeit erzielen, so lautet die

zentrale Botschaft der vorangegangenen Kapitel. Wir leben in einer Zeit und einer Gesellschaft, die diese vermeintlich einfache Lösung zu einer wahren Herausforderung umdefiniert. Eins ist deutlich: Die Corona-Krise hat die Chancen und Risiken der Digitalisierung so klar umrissen wie es keine Talkshow, keine Bundestagsdebatte und kein Elternabend in der Schule je vermocht hätten. Es bleibt nun an uns, die Erkenntnisse dieser Zeit, unsere Einsichten und unser Wissen entsprechend einer guten digitalen Fürsorge umzusetzen. Entschlossen, aber mit Augenmaß, und gemeinsam statt virtuell einsam.

6

Praktische Hinweise und Tipps im Überblick

- Schauen Sie sich mit Ihrem Kind gemeinsam Seiten wie www.schau-hin.de oder www.medien-sicher.de an. Dort wird Ihrem Kind verständlich erklärt, warum es beim Surfen seine Daten preisgibt und wie es auf einen sicheren Umgang mit seinen Daten achten kann.
- Versichern Sie sich auf www.app-geprüft.net, ob die ausgewählten Spiele-Apps Ihres Kindes mit Nutzertracking oder In-App-Käufen nervt und wie es um den Jugend- und Datenschutz bestellt ist.
- Schauen Sie sich auch Seiten an wie: www.app-tipps.net, www.klick-tipps.net oder www.datenbank-apps-fuer.kinder.de
- *Lassen Sie Ihr Kind einen Medienführerschein machen, Anleitungen gibt es im Internet oder in Buchform, etwa von* Thomas Feibel (2019): Mach deinen Medienführerschein. Vernünftiger Umgang mit Smartphone, Tablet und Internet, Carlsen Verlag

- Die länderübergreifende Stelle Jugendschutz.net liefert eine tolle Übersicht zum Thema „Smartphone und Tablet sicher in Kinderhand". Die Empfehlungen der Betreiber lautet:
- Laden Sie selbst die App für Ihr Kind herunter
- Probieren Sie die App vorher aus
- Schalten Sie das Gerät vorm Spielen in den Offline-Modus
- Begleiten Sie Ihr Kind beim Spielen
- Vereinbaren Sie gemeinsame Nutzungsregeln
- Vermeiden Sie Kosten, indem Sie In-App-Käufe durch ein Passwort sichern
- Mit dem Einrichten von Altersbeschränkungen verhindern Sie den Download ungeeigneter Apps
- Lesen Sie Datenschutzerklärung und -berechtigung kritisch (dieser Punkt ist leider unrealistisch. Ein kritisches Bewusstsein beugt aber vor.).

Wenn Sie Ihr Smartphone zur pausenfüllenden Nutzung dem Kind überlassen:

- Machen Sie die pausenfüllende Nutzung Ihres eigenen Gerätes nicht zum Normalfall, sondern betonen Sie die Ausnahme.
- Vereinbaren Sie vor dem Überlassen bereits, dass Ihr Kind 10/15/20 Minuten spielen darf und nicht mehr, und dass Sie das Gerät danach protestlos zurückbekommen möchten. (So können Sie Ihr Kind zumindest daran erinnern, dass Sie diese Vereinbarung getroffen haben, auch wenn es schlechte Laune bekommt.)
- Überprüfen Sie, ob die Altersbeschränkungen für das Installieren von Apps und die Inhalte aktiviert sind, und stellen Sie ein Zeitlimit für bestimmte Anwendungen selbst ein.

- Seien Sie ansprechbar und in der Nähe, wenn Sie Ihrem Nachwuchs das Gerät überlassen.
- Überlegen Sie, ob Sie analoge Spiele, Bilderbücher oder Malstifte mitnehmen können, wenn Sie wissen, dass es zu Wartezeiten kommt.
- Wenn Sie Ihr Gerät dem Wunsch des Kindes entsprechend bereitstellen möchten, überlegen Sie, welche Beschäftigung sinnvoll sein kann: Kinder bis 6 Jahre malen z. B. gerne auf dem Telefon – dafür gibt es entsprechende Programme, oft schon vorinstallierte. Es reicht auch schon die basale Zeichnungsfunktion der „Notizen"-App aus, die auf den meisten Geräten vorinstalliert ist, um Kinder im Alter von 4 Jahren mit dem Smartphone für eine kurze Zeit zu beschäftigen.
- Kinder im Grundschulalter wollen mehr Abwechslung. Hierzu gibt es ständig neue Angebote im AppStore oder PlayStore. Von intelligenten Spielen wie der "Petterson und Findus"-Erfindungsapp über „Bike Race" bis hin zu Autorennen wie „Asphalt 9" gibt es unzählige Spiele, die den Nachwuchs zwischendurch begeistern können. In der Onlineausgabe von "CHIP Online" gibt es regelmäßig gute Bewertungen von kostenlosen Apps und Spielen.
- Für Kinder zwischen 8 und 16 Jahren ist z. B. die Programmiersprache Scratch unter *www.scratch.mit.edu* zu empfehlen, mit der Animationen, Spiele und andere Projekte erstellt werden können.
- *Hier noch ein paar Spiele-Apps zur Auswahl für Kinder zwischen 6 und 12:*

  - Das Öko-Spiel von Disney „Wo ist mein Wasser" (Drache Swampy wartet auf sein Duschwasser – die Spieler suchen den Weg für das saubere Wasser durch giftige Pflanzen, Gemäuer und Erde)
  - Flip Master (Trampolinspringen) oder Flip Diving (die besten Sprünge vom Felsen ins Meer)

- Das kreative Bau-Spiel „Minecraft" (dessen Beherrschung erst ab ca. 6 Jahren gelingt bzw. dessen Möglichkeiten den Kindern durch Erwachsene erklärt werden sollten)
- Weitere Möglichkeiten für kreative Pausenfüllung:
- *Meme Creator Lite (Erstelle Comics mit eigenen Fotos)*
- *Stop Motion Studio (Daumenkino und animierte Filme selbst erstellen)*
- *Puppet Pals (Puppentheater selber gestalten)*
- *Audio Studio (Podcasts oder Sounds und Hörspiele selbst erstellen)*
- *unter www.kidsville.de Geschichten schreiben und Wörter in Geschichten austauschen*

…

Für erwachsene Vorbilder gilt:

- Beobachten Sie ihre eigene Bildschirmmediennutzung.
- Benutzen Sie einen analogen Wecker und sperren Sie das Smartphone aus dem Schlafzimmer aus.
- Wenn Sie das nicht wollen/können: Verzichten Sie darauf, nachts auf das Display zu schauen.
- Überlegen Sie, wann Sie auf Chatnachrichten reagieren wollen. Muss es immer sofort sein? Oder können Sie Zeitfenster oder sogar Orte dafür vorsehen? Wenn nötig, installieren Sie sich eine Detox-App wie "Forest". **Das Gebot der Stunde heißt digitaler Aufschub!**
- Richten Sie handy- und tabletfreie Zeiten oder sogar Räume ein! Vor allem zu den Mahlzeiten sollten Sie sich hüten, die Geräte zu zücken, denn sonst haben Sie in Zukunft zockende Teenager am Esstisch.
- Auch für Sie sollte eine Grenze gelten, was die Nutzung von sämtlichen elektronischen Medien anbelangt.

Z. B. abends ab 19:00 Uhr bleiben die Geräte generell im Flugmodus. Je mehr Sie sich Regeln im Umgang mit den Geräten angewöhnen, umso leichter wird es Ihrem Nachwuchs fallen, Begrenzungen und Regeln im Umgang mit Bildschirmmedien zu akzeptieren.

- Schalten Sie doch einfach mal Ihren Rooter aus, für einen ganzen Abend oder einen Tag.

Regeln für das Kindergerät

- Grundsätzlich gilt: Bis zu 30 Minuten nach den Hausarbeiten sollten keine digitalen Geräte benutzt werden, damit Gelerntes im Gehirn langfristig "abgelegt" werden kann!
- Ein Tablet eignet sich als erstes eigenes Gerät besser als ein Smartphone, da es beinah wie ein Gesellschaftsspiel umständlicher herausgeholt und verstaut werden muss – und natürlich, weil das Display größer und damit besser für die Augenentwicklung ist.

…für jüngere Kinder unter 8 Jahren:

- Sie sollten Ihrem Kind kein eigenes Gerät überlassen.
- Nehmen Sie Ihr Kind ernst, indem Sie ihm erklären, welche Gefahren im Netz lauern und warum Sie nicht wollen, dass ihm ein digitales Endgerät schrankenlos überlassen wird.
- Sie sollten Geräte NUR mit Einschränkung erlauben, am besten die Internetfunktion und den Browser deaktivieren.
- Installieren Sie einen Sperrcode.
- Legen Sie GRUNDSÄTZLICHE zeitliche Begrenzungen fest, z. B. 15 Minuten täglich sind erlaubt. Bedenken Sie: Wenn diese nicht eingehalten werden ist das weniger schädlich, als wenn es gar keine Grenzen gibt. Grenzen

festzulegen und einhalten zu lernen ist eine wichtige Fähigkeit in Bezug auf die Nutzung von Bildschirmmedien!

- Seien Sie anwesend, wenn Ihr Kind das Bildschirmmedium nutzt, und seien Sie ansprechbar: Wenn Ihr Kind seltsame Werbung sieht oder öffnet, die unweigerlich aufpoppt (vor allem wenn Sie kostenlose Spiele benutzen), oder wenn es die Chatfunktion von Spielen aktiviert hat, sollte ein Kind nicht allein sein und sich nicht allein fühlen.

- Verwalten Sie, wenn es Ihnen ein besseres Gefühl gibt, das Kindergerät mit Überwachungs-Apps, aber wirklich nur als letztes Mittel (denken Sie an die Daten ihres Kindes).

… für Kinder ab ca. 8 Jahren:

- Schließen Sie einen Vertrag über die Nutzung des eigenen Gerätes ab. Ihr Kind wird sich nicht nur ernst genommen fühlen, sondern die Regeln eher akzeptieren (z. B. www.mediennutzungsvertrag.de).

- Den Vertrag mit beiderseitigen Einschränkungen abschließen! Das bedeutet z. B.: Sie lassen das Handy ab 18:00 im Flugmodus, Ihr Kind spielt 30 Minuten täglich und tauscht sich über neue Apps mit Ihnen aus.

- Machen Sie Ihrem Kind VOR der Einführung des Gerätes klar, dass Sie die Hoheit über die Nutzung behalten, bis das Kind 12 Jahre alt ist. Wie beim Auto muss man erst einen Führerschein erwerben, um eigenständig über das Gerät bestimmen zu können, und auch da gibt es eine Reifeprüfung.

- Richten Sie Ihrem Kind noch kein eigenes Nutzeraccount mit der Möglichkeit zu persönlicher WhatsApp-, Instagram-, TikTok-, Snapchat- oder welche-app-auchimmer-Kommunikation des Kindes ein, damit sollten Sie unbedingt warten!

- Auch Konsolenspiele wie Playstation oder wii sollten im offline-Modus gespielt werden. So besteht keine Gefahr für Cyber-Grooming oder verlustreiche Käufe.

- Bleiben Sie immer im Gespräch über die Nutzung des Internets, bieten Sie sich als Gesprächspartner:in an. Sie sind nicht nur die Überwachenden von Nutzungszeiten, sondern kompetente:r Ansprechpartner:in für die Inhalte.

- Wie oben gilt: Wenn Sie sich besser fühlen, verwalten Sie das Kindergerät mit Überwachungs-Apps wie FamilyTime, FamilyLink oder ScreenTime – aber verlassen Sie sich nicht allein auf die App und bedenken Sie, dass Sie die Nutzungsdaten ihrer Kinder freigeben!

- Erzählen Sie Ihrem Kind von Südkorea! Dort sind immer mehr Kinder stark kurzsichtig (etwa 90 %!), und inzwischen gibt es gesetzliche Maßnahmen, um gegen die kindliche Smartphonenutzung vorzugehen.

- Am Ende hilft nur aktives „Rausschmeißen": Ab auf den Fußballplatz! Oder auf die Skaterbahn/ins Schwimmbad/… und Schluss mit dem Gedaddel! Rooter aus!

- Denken Sie immer daran: In diesem Alter sind die Spielkameraden, die Natur, die Skaterbahn oder eine gute Ausstellung, die sie gemeinsam besuchen, besser als jedes smarte Gerät, auch wenn noch so viele Lernvorteile von Leseapps und Onlineschooling beschrieben werden.

… für Kinder ab 11 – 12 Jahren:

- Jetzt wird es ernst. Ihr Kind wird sich nicht mehr mit den vereinbarten Regeln aufhalten, sondern sein eigenes Gerät autonom bedienen. Wie immer gilt:

Lassen Sie sich nicht irre machen, weil Ihr Kind das "alle-anderen-dürfen-aber"-Mime laufen lässt. Ihre Bedenken stehen hier an erster Stelle!

- Sprechen Sie mit den Kindern über die Nachrichten und Fotos, die sie in sozialen Netzwerken und Online-Diensten wie WhatsApp und Instagram geteilt werden. Diese gehören dem Besitzer der App und einmal Gepostetes kann man nie wieder zurücknehmen! (->vgl. "Was tun bei Cyber-Grooming")
- Stellen Sie Ihre Gesprächsbereitschaft immer wieder unter Beweis, damit Ihr Kind sich Ihrer Unterstützung sicher sein kann, falls es in Netzwerken gemobbt wird oder Nachrichten von Fremden erhält.
- Und immer wieder: REDEN. Das Reden über die Risiken der Smartphone-Nutzung und ihre eigene Unsicherheit hilft Ihnen und Ihrem Kind, mit den Konflikten rund um die Nutzung umzugehen.
- Überwachungsapps können natürlich auch noch helfen, aber diese werden immer weniger greifen, denn die Kids werden sie gnadenlos deaktivieren – aber ihre Nutzungsdaten werden immer interessanter für App-Entwickler.

Unfallprophylaxe:

- Hier können Sie als Familie ansetzen: Stellen Sie solche beobachteten Gewohnheiten mit Ihren Kindern gemeinsam in Frage.
- Sprechen Sie über die Smartphonenutzer:innen, die Sie auf der Straße sehen und benennen Sie die Gefahren im Straßenverkehr, denen diese sich aussetzen.
- Denken Sie sich Spiele aus, die Sie während Straßenbahn-, Fahrrad- oder Autofahrten mit Ihrem Kind gemeinsam spielen können (begeistert Kleinere bis ins Grundschulalter!).

- Zum Beispiel **Smartphonecounter:** Wer sieht als erstes jemanden mit gesenktem Kopf über dem Display an der Ampel? Das gibt 10 Punkte. Nur mit Kopfhörern: Das ergibt 5 Punkte. Handy am Ohr: 5 Punkte. Wer Straßenüberquerer:innen mit Blick aufs Smartphone als erstes sieht: Satte 20 Punkte.

- Seien Sie ein gutes Vorbild und lassen Sie das Smartphone beim Rad-/Autofahren in der Tasche und versuchen Sie, es nicht während des Gehens zu benutzen. Ihr Kind wird sich das merken.

Mobbing vorbeugen – Stärkung der Empathiefähigkeit – Wissen statt Gruseln:

- Sprechen Sie mit Ihrem Kind darüber, was Mobbing bedeutet!
- „Stell dir vor, jemand schreibt im Klassenchat, dass du heute xy gemacht hast. Wie würdest du dich fühlen? Stell dir vor, jemand macht ein Foto von dir, während du xy machst und ALLE können das plötzlich sehen, wie würde sich das anfühlen?"
- „Was ist eigentlich ‚Schutz der Privatsphäre?'"
- „Was ‚öffentlich' ist, können ALLE einsehen, und was einmal abgeschickt wurde, kann nie mehr zurückgenommen werden!"
- Machen Sie Ihrem Kind klar, was Nachrichten und verschickte Bilder auslösen können, wenn sie unkontrolliert von Dritten weiterverschickt werden.
- Gerade Fotos und Videos sollten nicht weiterverschickt werden, wenn etwas darauf zu sehen ist, was einem selbst peinlich wäre. „Wenn man das Bild von dir verschicken würde, wie würdest du empfinden?" Diesen kategorischen Imperativ sollte Ihr Kind verinnerlichen,

wenn es Dienste wie WhatsApp, Instagram und Co. nutzt.
- Sehen Sie sich gemeinsam mit den Kindern Clips an, die das Thema behandeln (z. B. von pur + "Mobbing im Internet" oder bei logo.de)
- Absolvieren Sie ein Webinar (z. B. www.digitale-helden. de)

Was tun bei Cyber-Grooming?

- Eltern (und pädagogische Fachkräfte) sollten mit ihren Kindern oder ihren Schutzbefohlenen über die Risiken des Internets und das Versenden persönlicher Daten und Fotos sprechen. Was einmal im Netz landet, kann kaum mehr gelöscht werden!
- Es kommt trotzdem vor, dass Mädchen und Jungen oder auch Erwachsene sich nicht ausreichend schützen. „Die Schuld liegt aber auch in solchen Fällen ausschließlich beim Täter oder bei der Täterin. Dies sollten Eltern und Fachkräfte Kindern und Jugendlichen unbedingt zu verstehen geben." (www.beauftragter-missbrauch.de)
- Weitere Informationen und Beratung:
- Save me online (für Jugendliche): www.save-me-online. de
- Juuuport (für Jugendliche): www.juuuport.de
- Make it safe (für Jugendliche): www.make-it-safe.net
- Jugend Support (für Jugendliche): www.jugend.support
- Bündnis gegen Cybermobbing: www.buendnis-gegen-cybermobbing.de
- Hilfetelefon Sexueller Missbrauch (bundesweit, kostenfrei und anonym): 0800 22 55 530 (Aus: Unabhängiger Beauftragter für Fragen des sexuellen Kindesmissbrauchs, 2020)

Smarte Geräte intelligent nutzen, am besten kostenlos
Beispiele für Lern-Plattformen und Lernapps:

- Lernapps: Schlaukopf, ClassNinjas (Mathematik 5.-8. Klasse), StudySmarter, Photomath, GeoGebra, Quizlet
- Lern-Plattformen Grundschule: Anton, Scoyo, Matific
- Lernplattformen Klasse 5–10: kapiert.de, Learnattack
- *Lese- und Spracherwerb:* Kidsville, Antolin, orthographietrainer.de, Duolingo, Linguee, dict.cc
- Coding-Apps: Hopscotch, Scratch, Codemonkey (kostet aber im Abo), lab.reaal.me (JavaScript Robot) …

Auf einen Blick: Drei wichtige Ebenen der digitalen Fürsorge in Familien.

Ebenen der digitalen Fürsorge in Familien	
Wissen und Bewusstseinsebene	• Risiken der Netzwelt wie Cybermobbing, Grooming und Anmache im Netz kennen • Bewusstsein für die unterschiedlichen Risiken der Internetabhängigkeit bei Jungen und Mädchen haben (Stichwort Gaming und Essverhalten/Körperideale), aber auch ihren unterschiedlichen Unterstützungsbedarf wahrnehmen • Beschäftigung mit der intelligenten Nutzung smarter Geräte (sich über Lernplattformen und Lernspiele, -programme und Programmiersprachen informieren) • Die Konsumlogik der smarten Geräte als Kaufmaschinen hinterfragen und den Stromverbrauch der Geräte als soziale Kosten begreifen • "don't blame yourself"-Haltung

Ebenen der digitalen Fürsorge in Familien	
Eltern-Ebene	• Eigene Gewohnheiten im Blick haben (z. B. Smartphone als Wecker/ständige Erreichbarkeit/impulsive Smartphonenutzung/Internet-Käufe) und digitalen Aufschub praktizieren (z. B. Forest-App) • Einrichten von Digitalzeiten für alle Familienmitglieder (Grundregel: Am Esstisch gibt es kein Smartphone. Ab 18:00/19:00 Uhr ist handyfreie Zeit für alle, vor allem in gemeinsam benutzten Räumen) • Augenmaß in der Regeleinhaltung walten lassen: "So großzügig wie möglich und so streng wie nötig" • Eine gute Bindung zum Kind durch gemeinsame Aktivitäten fördern, (z. B. regelmäßige Verabredungen für Offline-Aktivitäten) • Ein offenes Auge und Ohr für Cybermobbing, Grooming und Belästigung im Netz haben
Eltern-Kind-Aushandlungsebene	• Co-Abhängigkeit vermeiden: Gemeinsam Regeln vereinbaren und als Eltern Sanktionen umsetzen • Grenzen durchsetzen, das gilt besonders für das Streamen von Serien, Musik und Filmen, für Online-Spiele und Chatten • Gemeinsam Lernplattformen und Programmiersprachen entdecken • Anteil am Online-Leben der Kinder nehmen

Hilfreiche Links:

www.app-geprüft.net
www.app-tipps.net
www.bitkom.org/Themen/Politik-Recht/Medienpolitik/
    Bitkom-Tipp.html

www.buendnis-gegen-cybermobbing.de
www.bpb.de/239781/quiz-fuer-grundschulkinder
www.datenbank-apps-fuer.kinder.de
www.digitale-helden.de
www.elternundmedien.de/start-elternundmedien.html
www.erstehilfe-internetsucht.de
www.kidsville.de
www.klick-tipps.net
www.internet-abc.de
www.ins-netz-gehen.de
www.jugend.support
www.juuuport.de
www.klicksafe.de
www.logo.de
www.make-it-safe.net
www.medien-sicher.de
www.medienistik.de
www.mediennutzungsvertrag.de
www.schau-hin.info
www.save-me-online.de
service.zeit.de/schule/digitalisierung/smartphone-co-tipps-
    fuer-den-richtigen-umgang
www.zdf.de/kinder/purplus

Literatur

Auersperg, F., & Eichenberg, C. (2018). *Chancen und Risiken digitaler Medien für Kinder und Jugendliche. Ein Ratgeber für Eltern und Pädagogen.* Göttingen: Hogrefe.

Appel, M., & Schreiner, C. (2015). Leben in einer digitalen Welt: Wissenschaftliche Befundlage und problematische Fehlschlüsse. Stellungnahme zur Erwiderung von Spitzer. *Psychologische Rundschau, 66,* 119–123.

Bleckmann, P. (2012). *Medienmündig: Wie unsere Kinder selbstbestimmt mit dem Bildschirm umgehen lernen.* Stuttgart: Klett-Cotta.

Bleckmann, P., & Leipner, I. (2018). *Heute mal bildschirmfrei. Das Alternativprogramm für ein entspanntes Familienleben.* München: Droemer/Knaur Verlag.

Borchardt, A. (2019). Eine Frage der Macht. *Brand eins, 3*(2019), 89.

Bude, H. (2014). *Gesellschaft der Angst.* Hamburg: Hamburger Edition.

Carstensen, T. (2018). (Un-)Sichtbare Geschlechterungleichheiten in der Smart City. Die andere Seite der

Digitalisierung. In S. Bauriedl & A. Strüver (Hrsg.), *Smart City. Kritische Perspektiven auf die Digitalisierung von Städten* (S. 309–320). Bielefeld: transcript.

Dahl, H. M., & Spanger, M. (2010). Sex workers' transnational and local motherhood: presence and/or absence? In L. W. Isaksen (Hrsg.), *Global care work. Gender and migration in nordic societies* (S. 117–136). Lund: Nordic Academic Press.

Dehne, M. (2017). *Soziologie der Angst, darin: Anwendungsbeispiel: Helikoptereltern* (S. 375–398). Berlin: Springer VS.

Deutscher Bundestag. (2016). Entwicklung von Mutter-/Vater-Kind-Kuren und die wirtschaftliche Lage der Kureinrichtungen, Drucksache 18/8008 des Deutschen Bundestages vom 30. März 2016.

Feibel, T. (2017). *Jetzt pack doch mal das Handy weg! Wie wir unsere Kinder von der digitalen Sucht befreien*. Berlin: Ullstein Verlag.

Fromme, J., & Meder, Norbert. (2015). *Computerspiele in der Kinderkultur*. Magdeburg: Universitätsbibliothek.

Giddens, A. (1996). *Konsequenzen der Moderne*. Frankfurt a. M.: Suhrkamp.

Giese, G.(2020). Gegen das Arbeiten am Limit. In publik, die Mitgliederzeitung der ver.di, 1/2020, S. 4.

Greenfield, P. (2009). Technology and informal education: what is taught, what is learned. *Science, 323,* 69–71.

Haese, I. (2012). Eine Stadt und ihre Mythen. Charisma und Überleben im rumänischen Victoria. In A. Willisch (Hrsg.), *Wittenberge ist überall* (S. 215–234). Berlin: Ch. Links Verlag.

Hurrelmann, K., & Timm, A. (2015). *Stark in die Schule. Was Kinder vor der Einschulung brauchen*. Weinheim: Beltz.

Iden, S. (2016). Digitale Demenz? Im Gegenteil! *Hannoversche Allgemeine, 3*(6), 2016.

JIM-Studie. (2017). Jugend, Information, (Multi-)Media. Basisuntersuchung zum Medienumgang 12- 19-Jähriger, Hrsg. Medienpädagogischer Forschungsverbund Südwest (mpfs).

Juul, J. (2009). *Grenzen, Nähe, Respekt. Auf dem Weg zur kompetenten Eltern-Kind-Beziehung*. Hamburg: Rowohlt.

KIM-Studie. (2018). Kindheit, Internet, Medien. Basisuntersuchung zum Medienumgang 6- 13-Jähriger, Hrsg. Medienpädagogischer Forschungsverbund Südwest (mpfs).

Knauf, H. (2019). Die intensive Elternschaft als neues Paradigma für die Erziehung in Familien? Eine empirische Studie zu Familienblogs im Internet. *Soziale Passagen, 11,* 175–190.

Kratzer, N., & Sauer, D. (2005). Entgrenzung von Arbeit. Konzept, Thesen, Befunde. In K. Gottschall & G. G. Voß (Hrsg.), *Entgrenzung von Arbeit und Leben. Zum Wandel der Beziehung von Erwerbstätigkeit und Privatsphäre im Alltag* (S. 87–123). München und Mehring: Hampp Verlag.

Lenz, I., Evertz, S., & Ressel, S. (2017). Neukonfigurationen von Geschlecht im flexibilisierten Kapitalismus? Potenziale von Geschlechter- und Gesellschaftstheorien. In I. Lenz, S. Evertz, & S. Ressel (Hrsg.), *Neukonfigurationen von Geschlecht im flexibilisierten Kapitalismus?* (S. 1–7). Wiesbaden: Springer VS.

Levin, D. W., Linn, S., & Wolfsheimer, A. J. (2014). Wege aus dem Bildschirm-Dilemma: Kleine Kinder, Technologie und frühe Bildung. (Engl. Original: Facing the Screen Dilemma: Young children, technology and early education, Boston, MA: Campaign for a Commercial-Free Childhood; New York: Alliance for Childhood).

Lutz, H., & Palenga-Möllenbeck, E. (2012). Care workers, care drains and care chains: reflections on care, migration and citizenship. *Social Politics, 19*(1), 15–37.

Milzner, G. (2017). *Wir sind überall, nur nicht bei uns.Leben im Zeitalter des Selbstverlusts.* Weinheim: Beltz.

Orth, B. (2017). *Die Drogenaffinität Jugendlicher in der Bundesrepublik Deutschland 2015. Teilband Computerspiele und Internet. BZgA-Forschungsbericht.* Köln: Bundeszentrale für gesundheitliche Aufklärung.

Peetz, Thorsten. (2014). *Mechanismen der Ökonomisierung: Theoretische und empirische Untersuchungen am Fall „Schule“.* München: UVK.

Rheinpfalz. (01. Aug.2018). „Smartphone weg, wenn man lernen muss!“, Interview in der Reihe „Schule der Zukunft – Zukunft der Schule“, Tageszeitung Rheinpfalz, Nr. 176.

RKI. (2008). Robert Koch Institut/Bundeszentrale für gesundheitliche Aufklärung (Hrsg.), Erkennen – Bewerten – Handeln: Zur Gesundheit von Kindern und Jugendlichen in Deutschland. Berlin: RKI.

Rideout, V. J., Foehr, U. G., & Roberts, D. F. (2010). *Generation M²: Media in the lives of 8- to 18-year olds*. Menlo Park: Kaiser Family Foundation.

Saval, I. (2014). *Starke Kinder. Gezielt und fantasievoll: Methoden für selbstbewusste und ausgeglichene Kinder*. New York: Georg Thieme Verlag.

Siegfried, W., & Wanders, T. (2019). *Zocken, futtern, Schule schwänzen. Das ISO-Syndrom – die neue Gefahr für unsere Kinder*. Hamburg: Rowohlt.

Spitzer, M. (2012). *Digitale Demenz. Wie wir unsere Kinder um den Verstand bringen*. München: Droemer Verlag.

Spitzer, M. (2015a). *Cyberkrank. Wie das digitalisierte Leben unsere Gesundheit ruiniert*. München: Droemer Verlag.

Spitzer, M. (2015b). Über vermeintliche neue Erkenntnisse zu den Risiken und Nebenwirkungen digitaler Informationstechnik. Eine Erwiderung zur Arbeit von Appel und Schreiner. *Psychologische Rundschau, 66*(2), 114–123.

Thon, C. (2015). „Vereinbarkeit von Familie und Beruf" – ein neoliberaler Diskurs? In K. Walgenbach & A. Stach (Hrsg.), *Geschlecht in gesellschaftlichen Transformationsprozessen* (S. 131–147). Opladen: Budrich.

Viertel, M., Ehrenspeck-Kolase, Y., & Spies, A. (2017). Digitale Leseförderung an Grundschulen zwischen Anspruch und Wirklichkeit. Eine Untersuchung zur Nutzung und Bewertung der Web-basierten Leseförderung „Antolin" durch Grundschullehrkräfte in Niedersachsen (NuBeAn). In K. Mayrberger, J. Fromme, P. Grell, & T. Hug (Hrsg.), *Jahrbuch Medienpädagogik 13: Vernetzt und entgrenzt – Gestaltung von Lernumgebungen mit digitalen Umgebungen* (S. 151–164). Wiesbaden: Springer VS.

Online-Quellen

Ärzteblatt. (14. Sept. 2017). https://www.aerzteblatt.de/treffer?mode=s&wo=17&typ=1&nid=79298&s=Mutter-Kind-Kur. Zugegriffen: 15. Dez. 2019.

Ärzteblatt. (24. Juli 2018). https://www.aerzteblatt.de/nachrichten/96673/Schlafstoerungen-bei-Jugendlichen-nehmen-zu. Zugegriffen: 20. Juni 2020.

Ärztezeitung. (15. Nov. 2017). https://www.aerztezeitung.de/news/news_ticker/article/947567/tk-schlafstudie-2017-gesund-schlaeft-deutschland.html. Zugegriffen: 18. Okt. 2019.

Berliner Zeitung. (02. Nov. 2018). Online vom 18.12.2018. https://archiv.berliner-zeitung.de/politik/gleichberechtigung-in-deutschland-kommt-kaum-voran-31760142. Zugegriffen: 18. Okt. 2019.

Berliner Zeitung. (15. Febr. 2019). https://www.berliner-zeitung.de/politik-gesellschaft/wegen-pornografie-regierungsberaterin-fordert-smartphone-verbot-fuer-kinder-li.60903. Zugegriffen: 03. Juli 2020.

Bitkom. (07. März 2018). Frauenanteil in der ITK-Branche wächst langsam. https://www.bitkom.org/Presse/Presseinformation/Frauenanteil-in-der-ITK-Branche-waechst-langsam.html. Zugegriffen: 18. Juni 2020.

Bitkom. (28. Mai 2019). Mit 10 Jahren haben die meisten Kinder ein Smartphone. https://www.bitkom.org/Presse/Presseinformation/Mit-10-Jahren-haben-die-meisten-Kinder-ein-eigenes-Smartphone. Zugegriffen: 30. Juni 2020.

BLIKK-Studie (2017). https://www.drogenbeauftragte.de/presse/pressekontakt-und-mitteilungen/2017/2017-2-quartal/ergebnisse-der-blikk-studie-2017-vorgestellt.html. Zugegriffen: 27. Apr. 2020.

Bude, H. (27. März 2020). Werden eine Rückkehr des Staates erleben. In Deutschlandfunk. https://www.deutschlandfunk.de/soziologe-zu-coronakrise-werden-eine-rueckkehr-des-staates.694.de.html?dram:article_id=473427. Zugegriffen: 29. März 2020.

Bundeszentrale für politische Bildung. (2017). http://www.bpb.de/239781/quiz-fuer-grundschulkinder. Zugegriffen: 26. Apr. 2020.

Bundeszentrale für gesundheitliche Aufklärung. (2018). https://www.bzga-essstoerungen.de/materialien/. Zugegriffen: 21. Juli 2020.

Business Insider. (2018). Psychologe über Gaming-Hit Fortnite: „Dieses Spiel wirkt wie Heroin". https://www.business-insider.de/psychologe-ueber-gaming-hit-fortnite-dieses-spiel-wirkt-wie-heroin-2018-12. Zugegriffen: 15. März 2019.

Chang, A.-M., Aeschbach, D., Duffy, J. F., & Czeisler, C. A. (2014). Evening use of light-emitting eReaders negatively affects sleep, circadian timing, and next-morning alertness. www.pnas.org/cgi/doi/10.1073/pnas.1418490112. Zugegriffen: 21. Juli 2020.

Christakis, D. A., & Zimmermann, F. J. (2006). Early television viewing is associated with protesting turning off the television at age 6. *MedGenMed, 8*(2), 63. (https://pubmed.ncbi.nlm.nih.gov/16926802/?dopt=Abstract. Zugegriffen: 01. Juni 2020).

Creighton, J. (2014). What is keeping your kids up at night? http://sb.cc.stonybrook.edu/news/medical/140904kidsupnight.php. Zugegriffen: 12. Febr. 2018

Computerwoche. (03. Jan. 2019). https://www.computer-woche.de/a/der-grosse-gehaltsvergleich-in-der-informatik,3218378. Zugegriffen: 18. Febr. 2019.

Doll, E. (2010). Kinder vor dem Fernseher…. http://kinder-lobby.at/2010/04/28/kinder-vor-dem-fernseher/. Zugegriffen: 04. Dez. 2019.

Duggan, M., Lenhart, A., Lampe, C., & Ellison, N. B. (16. Juli 2015). Parents and social media. In Internet & Technology. https://www.pewresearch.org/internet/2015/07/16/parents-and-social-media/. Zugegriffen: 14. Febr. 2020.

EUREKAlert. (2009). Is technology producing a decline in critical thinking and analysis? https://www.eurekalert.org/pub_releases/2009-01/uoc--itp012709.php. Zugegriffen: 01. Sept. 2019.

Fokus Online. (2017). https://www.focus.de/digital/internet/echte-bilder-noch-schlimmer-als-horrorfilme-psychologe-warnt-gewaltvideos-sind-wie-eine-psychodroge_id_7826421.html. Zugegriffen: 16. Nov. 2019

Fuchs, J. (2019). Zum letzten Mal: Smartphones sind keine Gefahr für Kinder! In t3n. https://t3n.de/news/smartphones-keine-gefahr-kinder-1214684/. Zugegriffen: 15. Nov. 2019.

Greenfild, P. (2009). Is technology producing a decline in critical thinking and analysis? https://www.eurekalert.org/pub_releases/2009-01/uoc--itp012709.php. Zugegriffen: 15. Sept. 2018

Handelsjournal. (26. Okt. 2018). So shoppt Deutschland im Web, https://handelsjournal.de/handel/e-commerce/so-shoppt-deutschland-im-web.html.

Heise-Online. (21. Okt. 2017). www.heise.de/newsticker/meldung/Calliope-mini-fuer-Schulen-Geschenk-oder-Lobbyismus-3867025.html.

Hübner, T. (2020). Der unheimliche Boom digitaler Bildung in der Corona-Krise. https://medienistik.wordpress.com/2020/04/30/going-viral-der-unheimliche-boom-digitaler-bildung-in-der-corona-krise/. Zugegriffen: 04. Mai 2020.

Hurrelmann, K. (2017). Risiko Reizüberflutung. https://www.news4teachers.de/2017/01/interview-risiko-reizueberflutung-durch-digitale-medien-ein-drittel-der-lehrkraefte-wird-abgehaengt. Zugegriffen: 07. Sept. 2018

Internet-abc für Eltern. (2018). https://www.internet-abc.de/eltern/aktuelles/meldungen/kein-erziehungsproblem-sondern-ein-gesellschaftsproblem/.

www.kinder-handy.de. Zugegriffen: 07. Sept. 2018.

Kim, D., Han, K., Sim, J. S., & Noh, Y. (2018). Smombie Guardian: We watch for potential obstacles while you are walking and conducting smartphone activities. *PLoS ONE, 13*(6), e0197050. https://doi.org/10.1371/journal.pone.0197050. Zugegriffen: 03. Juli 2020

Lobo, S.(2016). Der deutsche Perfektionismus ist Gift. https://www.spiegel.de/netzwelt/netzpolitik/digitaler-wandeldas-deutsche-digitaldilemma-kolumne-a-1099078.html. Zugegriffen: 15. März 2020.

Lobo, S. (2014). Sharing-Economy und Plattformkapitalismus. https://saschalobo.com/2014/09/03/sharing-economy-und-plattform-kapitalismus/. Zugegriffen: 15. März 2020.

Löwenstein, B., & Weißenböck, E. (2017). Wie Kinder programmieren lernen – 14 Alternativen zu „Hello World", erschienen am 21.2.2017 bei Informatik aktuell, unter www.informatik-akutell.de. Zugegriffen: 15. März 2020

Müttergenesungswerk. (2017). https://www.muettergenesungs-werk.de/docs/attachments/24c95a05-192a-44c1-a574-092c33b26929/MGW-Jahrespressemappe-2017.pdf. Zugegriffen: 15. Febr. 2019

Neue Osnabrücker Zeitung. (2019). Kinderärzte-Präsident: „Kein Handy vor elf Jahren!", 30. Okt. 2019. https://www.noz.de/deutschland-welt/politik/artikel/1920473/jugendarztpraesident-fischbach-medialen-dauerbeschuss-macht-das-beste-hirn-nicht-mit. Zugegriffen: 04. Mai 2020.

Omnicoreagency. https://www.omnicoreagency.com/snapchat-statistics/. Zugegriffen: 26. Mai 2018.

Öffentlicher Dienst. (2018). Aktuelle Nachrichten für den öffentlichen Dienst, unter: https://www.oeffentlichen-dienst.de/news/69-gehalt/300-grundschullehrer-gehalt-lehrergehalt.html. Zugegriffen: 15. Febr. 2019.

Raspberry Pi Foundation. (2018). https://projects.raspberrypi.org/en/projects/getting-started-with-minecraft-pi. Zugegriffen: 27. Juni 2018.

Rheingold Institut. (2018). Traumblase vs. Realitätsanker, online unter: https://www.rheingold-marktforschung.de/bewegtbild-studie-rtl-mediengruppe/. Zugegriffen: 27. April 2020

Schipper, M. (2013). Wie Kinder heute lernen, online unter: https://www.minden-luebbecke.de/?object=tx%7c1891.1749.1. Zugegriffen: 23. Febr. 2020.

Scratch. www.scratch.mit.edu.

SPIEGEL Online. (2017). https://www.spiegel.de/gesundheit/ schwangerschaft/uebergewicht-124-millionen-kinder-sind-extrem-dick-weltweite-studie-a-1172198.html. Zugegriffen: 20. Juli 2020.

SPIEGEL Online. (2019). https://www.spiegel.de/netzwelt/web/ youtube-mit-paedophilie-problem-firmen-ziehen-ihre-anzeigen-zurueck-a-1254402.html. Zugegriffen: 27. Apr. 2020.

SPIEGEL Online. (2019). https://www.spiegel.de/netzwelt/ web/youtube-mit-paedophilie-problem-firmen-ziehen-ihre-anzeigen-zurueck-a-1254402.html. Zugegriffen: 25. Febr. 2020.

https://www.statista.de, Zugegriffen: 03. Juli 2020.

Süddeutsche Zeitung. (18. März 2019). https://www.sueddeutsche. de/wissen/landwirtschaft-bauern-roboter-do-1.4369914. Zugegriffen: 3. Juli 2020.

Süddeutsche Zeitung. (27. Febr. 2018). https://www. sueddeutsche.de/panorama/fettleibigkeit-in-grossbritannien-fat-for-fun-1.3885364?reduced=true. Zugegriffen: 03. Juli 2020.

Süddeutsche Zeitung. (23. Nov. 2015). https://www. sueddeutsche.de/leben/kinder-und-digitale-medien-der-fehler-liegt-oft-nicht-da-wo-eltern-ihn-vermuten-1.2701362. Zugegriffen: 03. Juli 2020.

Süddeutsche Zeitung. (20. Febr. 2014). https://www. sueddeutsche.de/wissen/computerspiele-gewalt-verstaerkt-aggressionen-1.1893700. Zugegriffen: 03. Juli 2020.

Süddeutsche Zeitung. (09. Sept. 2012). https://www. sueddeutsche.de/digital/bestseller-digitale-demenz-von-manfred-spitzer-krude-theorien-populistisch-montiert-1.1462115. Zugegriffen: 14. Mai 2019.

Tagesspiegel. (28. Juli 2016). https://www.tagesspiegel.de/welt-spiegel/smartphones-im-auto-handy-nutzung-hauptgrund-fuer-500-tote-im-verkehr/13941412.html. Zugegriffen: 27. Apr. 2020.

Tagesspiegel. (30. Okt. 2019). https://www.tagesspiegel.de/ politik/kein-handy-vor-elf-jahren-kinderaerzte-praesident-warnt-vor-smartphone/25169744.html. Zugegriffen: 17. Febr. 2020.

T-Online. (2019). https://www.t-online.de/digital/fernsehen-heimkino/id_86707630/ueberraschende-fakten-zu-netflix-und-co-die-aermsten-geben-am-meisten-fuer-filmstreaming-aus.html. Zugegriffen: 18. Febr. 2020.

https://www.umweltbundesamt.de/daten/energie/stromverbrauch. Zugegriffen: 03. Juli 2020

Watson, M. (2019). Youtube is Facilitating the Sexual Exploitation of Children, and it's Being Monetized. www.youtube.com. Zugegriffen: 03. Juli 2020

Wolf, J. (23. Nov. 2015). https://www.sueddeutsche.de/leben/kinder-und-digitale-medien-der-fehler-liegt-oft-nicht-da-wo-eltern-ihn-vermuten-1.2701362-3.

Zeit-Online. (2018). https://www.zeit.de/2018/23/kurzsichtigkeit-augenkrankheit-kinder-jugendliche-gefahr-smartphone. Zugegriffen: 11. Febr. 2020.